MANIÈRE DE FAIRE USAGE DE CE CARNET.

Exemple :

On veut savoir combien il doit être payé à un Ouvrier pour 8 3/4 journées à raison de 3 fr. 50 c. par jour?

On cherche à la page qui porte le prix des journées à 3 fr. 50 c. et on trouve à cette page (celle N° 30) l'opération toute faite, comme suit :

30 **3 F. 50 C.**

NOMBRE DE JOURNÉES.	SOMMES PRINCIPALES.	RETENUES POUR LES BLESSÉS.	SOMMES NETTES A PAYER.
8 1/4 1/2 3/4	30.60	0.60	30.00

1F. 50c.

0			
1/4	0.40	»	0.40
1/2	0.75	»	0.75
3/4	1.10	»	1.10
1	1.50	»	1.50
1/4	1.90	»	1.90
1/2	2.25	0.05	2.20
3/4	2.60	0.05	2.55
2	3.00	0.05	2.95
1/4	3.40	0.05	3.35
1/2	3.75	0.05	3.70
3/4	4.10	0.10	4.00
3	4.50	0.10	4.40
1/4	4.90	0.10	4.80
1/2	5.25	0.10	5.15
3/4	5.60	0.10	5.50
4	6.00	0.10	5.90
1/4	6.40	0.10	6.30
1/2	6.75	0.15	6.60
3/4	7.10	0.15	6.95
5	7.50	0.15	7.35
1/4	7.90	0.15	7.75
1/2	8.25	0.15	8.10
3/4	8.60	0.15	8.45
6	9.00	0.20	8.80
1/4	9.40	0.20	9.20
1/2	9.75	0.20	9.55
3/4	10.10	0.20	9.90
7	10.50	0.20	10.30
1/4	10.90	0.20	10 70
1/2	11.25	0.20	11.05
3/4	11.60	0.20	11.40
8	12.00	0.25	11.75
1/4	12.40	0.25	12.15
1/2	12.75	0.25	12.50
3/4	13.10	0.25	12.85
9	13.50	0.25	13.25
1/4	13.90	0.30	13.60
1/2	14.25	0.30	13.95
3/4	14.60	0.30	14.30
10	15.00	0.30	14.70
1/4	15.40	0.30	15.10
1/2	15.75	0.30	15.45
3/4	16.10	0.30	15.80
11	16.50	0.30	16.20
1/4	16.90	0.35	16.55
1/2	17.25	0.35	16.90
3/4	17.60	0.35	17.25
12	18.00	0.35	17.65
1/4	18.40	0.35	18.05
1/2	18.75	0.40	18.35
3/4	19.10	0.40	18.70
13	19.50	0.40	19.10
1/4	19.90	0.40	19.50
1/2	20.25	0.40	19.85
3/4	20.60	0.40	20.20
14	21.00	0.40	20.60
1/4	21.40	0.40	21.00
1/2	21.75	0.45	21.30
3/4	22.10	0.45	21.65
15	22.50	0.45	22.05
1/4	22.90	0.45	22.45
1/2	23.25	0.45	22.80
3/4	23.60	0.45	23.15
16	24.00	0.50	23.50
1/4	24.40	0.50	23.90
1/2	24.75	0.50	24.25
3/4	25.10	0.50	24.60
17	25.50	0.50	25.00
1/4	25.90	0.50	25.40
1/2	26.25	0.50	25.75
3/4	26.60	0.50	26.10

1F. 50c.

18	27.00	0.55	26.45	**27**	40.50	0.80	39.70
1/4	27.40	0.55	26.85	1/4	40.90	0.80	40.10
1/2	27.75	0.55	27.20	1/2	41.25	0.80	40.45
3/4	28.10	0.55	27.55	3/4	41.60	0.80	40.80
19	28.50	0.55	27.95	**28**	42.00	0.85	41.15
1/4	28.90	0.60	28.30	1/4	42.40	0.85	41.55
1/2	29.25	0.60	28.65	1/2	42.75	0.85	41.90
3/4	29.60	0.60	29.00	3/4	43.10	0.85	42.25
20	30.00	0.60	29.40	**29**	43.50	0.85	42.65
1/4	30.40	0.60	29.80	1/4	43.90	0.90	43.00
1/2	30.75	0.60	30.15	1/2	44.25	0.90	43.35
3/4	31.10	0.60	30.50	3/4	44.60	0.90	43.70
21	31.50	0.60	30.90	**30**	45.00	0.90	44.10
1/4	31.90	0.65	31.25	1/4	45.40	0.90	44.50
1/2	32.25	0.65	31.60	1/2	45.75	0.90	44.85
3/4	32.60	0.65	31.95	3/4	46.10	0.90	45.20
22	33.00	0.65	32.35	**31**	46.50	0.90	45.60
1/4	33.40	0.65	32.75	1/4	46.90	0.95	45.95
1/2	33.75	0.70	33.05	1/2	47.25	0.95	46.30
3/4	34.10	0.70	33.40	3/4	47.60	0.95	46.65
23	34.50	0.70	33.80	**32**	48.00	0.95	47.05
1/4	34.90	0.70	34.20	1/4	48.40	0.95	47.45
1/2	35.25	0.70	34.55	1/2	48.75	1.00	47.75
3/4	35.60	0.70	34.90	3/4	49.10	1.00	48.10
24	36.00	0.70	35.30	**33**	49.50	1.00	48.50
1/4	36.40	0.70	35.70	1/4	49.90	1.00	48.90
1/2	36.75	0.75	36.00	1/2	50.25	1.00	49.25
3/4	37.10	0.75	36.35	3/4	50.60	1.00	49.60
25	37.50	0.75	36.75	**34**	51.00	1.00	50.00
1/4	37.90	0.75	37.15	1/4	51.40	1.00	50.40
1/2	38.25	0.75	37.50	1/2	51.75	1.05	50.70
3/4	38.60	0.75	37.85	3/4	52.10	1.05	51.05
26	39.00	0.80	38.20	**35**	52.50	1.05	51.45
1/4	39.40	0.80	38.60	1/4	52.90	1.05	51.85
1/2	39.75	0.80	38.95	1/2	53.25	1.05	52.20
3/4	40.10	0.80	39.30	3/4	53.60	1.05	52.55

1 F. 60 C.

0				**9**	14.40	0.30	14.10
1/4	0.40	»	0.40	1/4	14.80	0.30	14.50
1/2	0.80	»	0.80	1/2	15.20	0.30	14.90
3/4	1.20	»	1.20	3/4	15.60	0.30	15.30
1	1.60	»	1.60	**10**	16.00	0.30	15.70
1/4	2.00	0.05	1.95	1/4	16.40	0.30	16.10
1/2	2.40	0.05	2.35	1/2	16.80	0.35	16.45
3/4	2.80	0.05	2.75	3/4	17.20	0.35	16.85
2	3.20	0 05	3.15	**11**	17.60	0.35	17.25
1/4	3.60	0.05	3.55	1/4	18.00	0.35	17.65
1/2	4.00	0.10	3.90	1/2	18.40	0.35	18.05
3/4	4.40	0.10	4.30	3/4	18.80	0.40	18.40
3	4.80	0.10	4.70	**12**	19.20	0.40	18.80
1/4	5.20	0.10	5.10	1/4	19 60	0.40	19.20
1/2	5.60	0.10	5.50	1/2	20.00	0.40	19.60
3/4	6.00	0.10	5.90	3/4	20.40	0.40	20.00
4	6.40	0.10	6.30	**13**	20.80	0.40	20.40
1/4	6.80	0.15	6.65	1/4	21.20	0.40	20.80
1/2	7.20	0.15	7.05	1/2	21.60	0.40	21.20
3/4	7.60	0.15	7.45	3/4	22.00	0.45	21.55
5	8.00	0.15	7.85	**14**	22.40	0.45	21.95
1/4	8.40	0.15	8.25	1/4	22.80	0.45	22.35
1/2	8.80	0.20	8.60	1/2	23.20	0.45	22.75
3/4	9.20	0.20	9.00	3/4	23.60	0.45	23.15
6	9.60	0.20	9.40	**15**	24.00	0.50	23.50
1/4	10 00	0.20	9.80	1/4	24.40	0.50	23.90
1/2	10.40	0.20	10.20	1/2	24.80	0.50	24.30
3/4	10.80	0.20	10.60	3/4	25.20	0.50	24.70
7	11.20	0.20	11.00	**16**	25.60	0.50	25.10
1/4	11.60	0.20	11.40	1/4	26.00	0.50	25.50
1/2	12.00	0.25	11.75	1/2	26.40	0.50	25.90
3/4	12.40	0.25	12.15	3/4	26.80	0.55	26.25
8	12.80	0.25	12.55	**17**	27.20	0.55	26.65
1/4	13.20	0.25	12.95	1/4	27.60	0.55	27.05
1/2	13.60	0.25	13.35	1/2	28.00	0.55	27.45
3/4	14.00	0.30	13.70	3/4	28.40	0.55	27.85

18	28 80	0.60	28.20	**27**	43.20	0.85	42.35
1/4	29.20	0.60	28.60	1/4	43.60	0.85	42.75
1/2	29.60	0.60	29.00	1/2	44.00	0.90	43.10
3/4	30.00	0.60	29.40	3/4	44.40	0.90	43.50
19	30.40	0.60	29.80	**28**	44.80	0.90	43.90
1/4	30.80	0.60	30.20	1/4	45.20	0.90	44.30
1/2	31.20	0.60	30.60	1/2	45.60	0.90	44.70
3/4	31.60	0.60	31.00	3/4	46.00	0.90	45.10
20	32.00	0.65	31.35	**29**	46.40	0.90	45.50
1/4	32.40	0 65	31.75	1/4	46.80	0.95	45.85
1/2	32.80	0.65	32.15	1/2	47.20	0.95	46.25
3/4	33.20	0.65	32.55	3/4	47.60	0.95	46.65
21	33.60	0.65	32.95	**30**	48.00	0.95	47.05
1/4	34.00	0.70	33.30	1/4	48.40	0.95	47.45
1/2	34.40	0.70	33.70	1/2	48.80	1.00	48.80
3/4	34.80	0.70	34.10	3/4	49.20	1.00	48.20
22	35.20	0.70	34.50	**31**	49.60	1.00	48.60
1/4	35.60	0.70	34.90	1/4	50.00	1.00	49.00
1/2	36.00	0.70	35.30	1/2	50.40	1.00	49.40
3/4	36.40	0.70	35.70	3/4	50.80	1.00	49.80
23	36.80	0.75	36.05	**32**	51.20	1.00	50.20
1/4	37.20	0.75	36.45	1/4	51.60	1.00	50.60
1/2	37.60	0.75	36.85	1/2	52.00	1.05	50.95
3/4	38.00	0.75	37.25	3/4	52.40	1.05	51.35
24	38.40	0.75	37.65	**33**	52.80	1.05	51.75
1/4	38.80	0.80	38.00	1/4	53.20	1.05	52.15
1/2	39.20	0.80	38.40	1/2	53.60	1.05	52.55
3/4	39.60	0.80	38.80	3/4	54.00	1.00	52.90
25	40.00	0.80	39.20	**34**	54.40	1.10	53.30
1/4	40.40	0.80	39.60	1/4	54.80	1.10	53.70
1/2	40.80	0.80	40.00	1/2	55.20	1.10	54.10
3/4	41.20	0.80	40.40	3/4	55.60	1.10	54.50
26	41.60	0.80	40.80	**35**	56.00	1.10	54.90
1/4	42.00	0.85	41.15	1/4	56.40	1.10	55.30
1/2	42.40	0.85	41.55	1/2	56.80	1.15	55.65
3/4	42.80	0.85	41.95	3/4	57.20	1.15	56.05

1 f. 75 c.

0				**9**	15.75	0.30	15.45
1/4	0.45	»	0.45	1/4	16.20	0.30	15.90
1/2	0.90	»	0.90	1/2	16.65	0.30	16.35
3/4	1.30	»	1.30	3/4	17.05	0.35	16.70
1	1.75	»	1.75	**10**	17.50	0.35	17.15
1/4	2.20	0.05	2.15	1/4	17.95	0.35	17.60
1/2	2.65	0.05	2.60	1/2	18.40	0.35	18.05
3/4	3.05	0.05	3.00	3/4	18.80	0.40	18.40
2	3.50	0.05	3.45	**11**	19.25	0.40	18.85
1/4	3.95	0.10	3.85	1/4	19.70	0.40	19.30
1/2	4.40	0.10	4.30	1/2	20.15	0.40	19.75
3/4	4.80	0.10	4.70	3/4	20.55	0.40	20.15
3	5.25	0.10	5.15	**12**	21.00	0.40	20.60
1/4	5.70	0.10	5.60	1/4	21.45	0.40	21.05
1/2	6.15	0.10	6.05	1/2	21.90	0.45	21.45
3/4	6.55	0.10	6.45	3/4	22.30	0.45	21.85
4	7.00	0.15	6.85	**13**	22.75	0.45	22.30
1/4	7.45	0.15	7.30	1/4	23.20	0.45	22.75
1/2	7.90	0.15	7.75	1/2	23.65	0.45	23.20
3/4	8.30	0.15	8.15	3/4	24.05	0.50	23.55
5	8.75	0.20	8.55	**14**	24.50	0.50	24.00
1/4	9.20	0.20	9.00	1/4	24.95	0.50	24.45
1/2	9.65	0.20	9.45	1/2	25.40	0.50	24.90
3/4	10.05	0.20	9.85	3/4	25.80	0.50	25.30
6	10.50	0.20	10.30	**15**	26.25	0.50	25.75
1/4	10.95	0.20	10.75	1/4	26.70	0.50	26.20
1/2	11.40	0.20	11.20	1/2	27.15	0.55	26.60
3/4	11.80	0.25	11.55	3/4	27.55	0.55	27.00
7	12.25	0.25	12.00	**16**	28.00	0.55	27.45
1/4	12.70	0.25	12.45	1/4	28.45	0.55	27.90
1/2	13.15	0.25	12.90	1/2	28.90	0.60	28.30
3/4	13.55	0.25	13.30	3/4	29.30	0.60	28.70
8	14.00	0.30	13.70	**17**	29.75	0.60	29.15
1/4	14.45	0.30	14.15	1/4	30.20	0.60	29.60
1/2	14.90	0.30	14.60	1/2	30.65	0.60	30.05
3/4	15.30	0.30	15.00	3/4	31.05	0.60	30.45

18	31.50	0.60	30.90
1/4	31.95	0.65	31.30
1/2	32.45	0.65	31.80
3/4	32.80	0.65	32.15
19	33.25	0.65	32.60
1/4	33.70	0.65	33.05
1/2	34.15	0.70	33.45
3/4	34.55	0.70	33.85
20	35.00	0.70	34.30
1/4	35.45	0.70	34.75
1/2	35.90	0.70	35.20
3/4	36.30	0.70	35.60
21	36.75	0.75	36.00
1/4	37.20	0.75	36.45
1/2	37.65	0.75	36.90
3/4	38.05	0.75	37.30
22	38.50	0.75	37.75
1/4	38.95	0.80	38.15
1/2	39.40	0.80	38.60
3/4	39.80	0.80	39.00
23	40.25	0.80	39.45
1/4	40.70	0.80	39.90
1/2	41.15	0.80	40.35
3/4	41.55	0.80	40.75
24	42.00	0.85	41.15
1/4	42.45	0.85	41.60
1/2	42.90	0.85	42.05
3/4	43.30	0.85	42.45
25	43.75	0.90	42.85
1/4	44.20	0.90	43.30
1/2	44.65	0.90	43.75
3/4	45.05	0.90	44.15
26	45.50	0.90	44.60
1/4	45.95	0.90	45.05
1/2	46.40	0.90	45.50
3/4	46.80	0.95	45.85
27	47.25	0.95	46.30
1/4	47.70	0.95	46.75
1/2	48.15	0.95	47.20
3/4	48.55	0.95	47.60
28	49.00	1.00	48.00
1/4	49.45	1.00	48.45
1/2	49.90	1.00	48.90
3/4	50.30	1.00	49.30
29	50.75	1.00	49.75
1/4	51.20	1.00	50.20
1/2	51.65	1.00	50.65
3/4	52.05	1.05	51.00
30	52.50	1.05	51.45
1/4	52.95	1.05	51.90
1/2	53.40	1.05	52.35
3/4	53.80	1.10	52.70
31	54.25	1.10	53.15
1/4	54.70	1.10	53.60
1/2	55.15	1.10	54.05
3/4	55.55	1.10	54.45
32	56.00	1.10	54.90
1/4	56.45	1.10	55.35
1/2	56.90	1.15	55.75
3/4	57.30	1.15	56.15
33	57.75	1.15	56.60
1/4	58.20	1.15	57.05
1/2	58.65	1.15	57.50
3/4	59.05	1.20	57.85
34	59.50	1.20	58.30
1/4	59.95	1.20	58.75
1/2	60.40	1.20	59.20
3/4	60.80	1.20	59.60
35	61.25	1.20	60.05
1/4	61.70	1.20	60.50
1/2	62.15	1.25	60.90
3/4	62.55	1.25	61.30

1 F. 80 C.

0				**9**	16.20	0.30	15.90
1/4	0.45	»	0.45	1/4	16.65	0.30	16.35
1/2	0.90	»	0.90	1/2	17.10	0.35	16.75
3/4	1.35	»	1.35	3/4	17.55	0.35	17.20
1	1.80	»	1.80	**10**	18.00	0.35	17.65
1/4	2.25	0.05	2.20	1/4	18.45	0.35	18.10
1/2	2.70	0.05	2.65	1/2	18.90	0.40	18.50
3/4	3.15	0.05	3.10	3/4	19.35	0.40	18.95
2	3.60	0.05	3.55	**11**	19.80	0.40	19.40
1/4	4.05	0.10	3.95	1/4	20.25	0.40	19.85
1/2	4.50	0.10	4.40	1/2	20.70	0.40	20.30
3/4	4.95	0.10	4.85	3/4	21.15	0.40	20.75
3	5.40	0.10	5.30	**12**	21.60	0.40	21.20
1/4	5.85	0.10	5.75	1/4	22.05	0.45	21.60
1/2	6.30	0.10	6.20	1/2	22.50	0.45	22.05
3/4	6.75	0.15	6.60	3/4	22.95	0.45	22.50
4	7.20	0.15	7.05	**13**	23.40	0.45	22.95
1/4	7.65	0.15	7.50	1/4	23.85	0.45	23.40
1/2	8.10	0.15	7.95	1/2	24.30	0.50	23.80
3/4	8.55	0.15	8.40	3/4	24.75	0.50	24.25
5	9.00	0.20	8.80	**14**	25.20	0.50	24.70
1/4	9.45	0.20	9.25	1/4	25.65	0.50	25.15
1/2	9.90	0.20	9.70	1/2	26.10	0.50	25.60
3/4	10.35	0.20	10.15	3/4	26.55	0.50	26.05
6	10.80	0.20	10.60	**15**	27.00	0.55	26.45
1/4	11.25	0.20	11.05	1/4	27.45	0.55	26.90
1/2	11.70	0.20	11.50	1/2	27.90	0.55	27.35
3/4	12.15	0.25	11.90	3/4	28.35	0.55	27.80
7	12.60	0.25	12.35	**16**	28.80	0.60	28.20
1/4	13.05	0.25	12.80	1/4	29.25	0.60	28.65
1/2	13.50	0.25	13.25	1/2	29.70	0.60	29.10
3/4	13.95	0.30	13.65	3/4	30.15	0.60	29.55
8	14.40	0.30	14.10	**17**	30.60	0.60	30.00
1/4	14.85	0.30	14.55	1/4	31.05	0.60	30.45
1/2	15.30	0.30	15.00	1/2	31.50	0.60	30.90
3/4	15.75	0.30	15.45	3/4	31.95	0.65	31.30

1F. 80c.

18	32.40	0.65	31.75	**27**	48.60	1.00	47.60
1/4	32.85	0.65	32.20	1/4	49.05	1.00	48.05
1/2	33.30	0.65	32.65	1/2	49.50	1.00	48.50
3/4	33.75	0.70	33.05	3/4	49.95	1.00	48.95
19	34.20	0.70	33.50	**28**	50.40	1.00	49.40
1/4	34.65	0.70	33.95	1/4	50.85	1.00	49.85
1/2	35.10	0.70	34.40	1/2	51.30	1.00	50.30
3/4	35.55	0.70	34.85	3/4	51.75	1.05	50.70
20	36.00	0.70	35.30	**29**	52.20	1.05	51.15
1/4	36.45	0.70	35.75	1/4	52.65	1.05	51.60
1/2	36.90	0.75	36.15	1/2	53.10	1.05	52.05
3/4	37.35	0.75	36.60	3/4	53.55	1.05	52.50
21	37.80	0.75	37.05	**30**	54.00	1.10	52.90
1/4	38.25	0.75	37.50	1/4	54.45	1.10	53.35
1/2	38.70	0.75	37.95	1/2	54.90	1.10	53.80
3/4	39.15	0.80	38.35	3/4	55.35	1.10	54.25
22	39.60	0.80	38.80	**31**	55.80	1.10	54.70
1/4	40.05	0.80	39.25	1/4	56.25	1.10	55.15
1/2	40.50	0.80	39.70	1/2	56.70	1.10	55.60
3/4	40.95	0.80	40.15	3/4	57.15	1.15	56.00
23	41.40	0.80	40.60	**32**	57.60	1.15	56.45
1/4	41.85	0.85	41.00	1/4	58.05	1.15	56.90
1/2	42.30	0.85	41.45	1/2	58.50	1.15	57.35
3/4	42.75	0.85	41.90	3/4	58.95	1.20	57.75
24	43.20	0.85	42.35	**33**	59.40	1.20	58.20
1/4	43.65	0.85	42.80	1/4	59.85	1.20	58.65
1/2	44.10	0.90	43.20	1/2	60.30	1.20	59.10
3/4	44.55	0.90	43.65	3/4	60.75	1.20	59.55
25	45.00	0.90	44.10	**34**	61.20	1.20	60.00
1/4	45.45	0.90	44.55	1/4	61.65	1.20	60.45
1/2	45.90	0.90	45.00	1/2	62.10	1.25	60.85
3/4	46.35	0.90	45.45	3/4	62.55	1.25	61.30
26	46.80	0.95	45.85	**35**	63.00	1.25	61.75
1/4	47.25	0.95	46.30	1/4	63.45	1.25	62.20
1/2	47.70	0.95	46.75	1/2	63.90	1.30	62.60
3/4	48.15	0.95	47.20	3/4	64.35	1.30	63.05

0				**9**	18.00	0.35	17.6
1/4	0.50	»	0.50	1/4	18.50	0.35	18.1
1/2	1.00	»	1.00	1/2	19.00	0.40	18.6
3/4	1.50	»	1.50	3/4	19.50	0.40	19.1
1	2.00	0.05	1.95	**10**	20.00	0.40	19.6
1/4	2.50	0.05	2.45	1/4	20.50	0.40	20.1
1/2	3.00	0.05	2.95	1/2	21.00	0.40	20.6
3/4	3.50	0.05	3.45	3/4	21.50	0.40	21.1
2	4.00	0.10	3.90	**11**	22.00	0.45	21.55
1/4	4.50	0.10	4.40	1/4	22.50	0.45	22.05
1/2	5.00	0.10	4.90	1/2	23.00	0.45	22.55
3/4	5.50	0.10	5.40	3/4	23.50	0.45	23.05
3	6.00	0.10	5.90	**12**	24.00	0.50	23.50
1/4	6.50	0.10	6.40	1/4	24.50	0.50	24.00
1/2	7.00	0.15	6.85	1/2	25.00	0.50	24.50
3/4	7.50	0.15	7.35	3/4	25.50	0.50	25.00
4	8.00	0.15	7.85	**13**	26.00	0.50	25.50
1/4	8.50	0.15	8.35	1/4	26.50	0.50	26.00
1/2	9.00	0.20	8.80	1/2	27.00	0.55	26.45
3/4	9.50	0.20	9.30	3/4	27.50	0.55	26.95
5	10.00	0.20	9.80	**14**	28.00	0.55	27.45
1/4	10.50	0.20	10.30	1/4	28.50	0.55	27.95
1/2	11.00	0.20	10.80	1/2	29.00	0.60	28.40
3/4	11.50	0.20	11.30	3/4	29.50	0.60	28.90
6	12.00	0.25	11.75	**15**	30.00	0.60	29.40
1/4	12.50	0.25	12.25	1/4	30.50	0.60	29.90
1/2	13.00	0.25	12.75	1/2	31.00	0.60	30.40
3/4	13.50	0.25	13.25	3/4	31.50	0.60	30.90
7	14.00	0.30	13.70	**16**	32.00	0.65	31.35
1/4	14.50	0.30	14.20	1/4	32.50	0.65	31.85
1/2	15.00	0.30	14.70	1/2	33.00	0.65	32.35
3/4	15.50	0.30	15.20	3/4	33.50	0.65	32.85
8	16.00	0.30	15.70	**17**	34.00	0.70	33.30
1/4	16.50	0.30	16.20	1/4	34.50	0.70	33.80
1/2	17.00	0.35	16.65	1/2	35.00	0.70	34.30
3/4	17.50	0.35	17.15	3/4	35.50	0.70	34.80

18	36.00	0.70	35.30
1/4	36.50	0.70	35.80
1/2	37.00	0.75	36.25
3/4	37.50	0.75	36.75
19	38.00	0.75	37.25
1/4	38.50	0.75	37.75
1/2	39.00	0.80	38.20
3/4	39.50	0.80	38.70
20	40.00	0.80	39.20
1/4	40.50	0.80	39.70
1/2	41.00	0.80	40.20
3/4	41.50	0.80	40.70
21	42.00	0.85	41.15
1/4	42.50	0.85	41.65
1/2	43.00	0.85	42.15
3/4	43.50	0.85	42.65
22	44.00	0.90	43.10
1/4	44.50	0.90	43.60
1/2	45.00	0.90	44.10
3/4	45.50	0.90	44.60
23	46.00	0.90	45.10
1/4	46.50	0.90	45.60
1/2	47.00	0.95	46.05
3/4	47.50	0.95	46.55
24	48.00	1.00	47.00
1/4	48.50	1.00	47.50
1/2	49.00	1.00	48.00
3/4	49.50	1.00	48.50
25	50.00	1.00	49.00
1/4	50.50	1.00	49.50
1/2	51.00	1.00	50.00
3/4	51.50	1.00	50.50
26	52.00	1.05	50.95
1/4	52.50	1.05	51.45
1/2	53.00	1.05	51.95
3/4	53.50	1.05	52.45
27	54.00	1.10	52.90
1/4	54.50	1.10	53.40
1/2	55.00	1.10	53.90
3/4	55.50	1.10	54.40
28	56.00	1.10	54.90
1/4	56.50	1.10	55.40
1/2	57.00	1.15	55.85
3/4	57.50	1.15	56.35
29	58.00	1.15	56.85
1/4	58.50	1.15	57.35
1/2	59.00	1.20	57.80
3/4	59.50	1.20	58.30
30	60.00	1.20	58.80
1/4	60.50	1.20	59.30
1/2	61.00	1.20	59.80
3/4	61.50	1.20	60.30
31	62.00	1.25	60.75
1/4	62.50	1.23	61.25
1/2	63.00	1.25	61.75
3/4	63.50	1.25	62.25
32	64.00	1.30	62.70
1/4	64.50	1.30	63.20
1/2	65.00	1.30	63.70
3/4	65.50	1.30	64.20
33	66.00	1.30	64.70
1/4	66.50	1.30	65.20
1/2	67.00	1.35	65.65
3/4	67.50	1.35	66.15
34	68.00	1.40	66.60
1/4	68.50	1.40	67.10
1/2	69.00	1.40	67.60
3/4	69.50	1.40	68.10
35	70.00	1.40	68.60
1/4	70.50	1.40	69.10
1/2	71.00	1.40	69.60
3/4	71.50	1.40	70.10

2 F. 25 C.

0				**9**	20.25	0.40	19.
1/4	0.55	»	0.55	1/4	20.80	0.40	20.
1/2	1.10	»	1.10	1/2	21.35	0.45	20.
3/4	1.70	»	1.70	3/4	21.90	0.45	21.
1	2.25	0.05	2.20	**10**	22.50	0.45	22.
1/4	2.80	0.05	2.75	1/4	23.05	0.45	22.
1/2	3.35	0.05	3.30	1/2	23.60	0.45	23.
3/4	3.95	0.10	3.85	3/4	24.20	0.50	23.
2	4.50	0.10	4.40	**11**	24.75	0.50	24.
1/4	5.05	0.10	4.95	1/4	25.30	0.50	24
1/2	5.60	0.10	5.50	1/2	25.85	0.50	25.
3/4	6.20	0.10	6.10	3/4	26.40	0.55	25.
3	6.75	0.15	6.60	**12**	27.00	0.55	26.4
1/4	7.30	0.15	7.15	1/4	27.55	0.55	27.0
1/2	7.85	0.15	7.70	1/2	28.10	0.55	27.5
3/4	8.45	0.15	8.30	3/4	28.70	0.55	28.1
4	9.00	0.20	8.80	**13**	29.25	0.60	28.6
1/4	9.55	0.20	9.35	1/4	29.80	0.60	29.2
1/2	10.10	0.20	9.90	1/2	30.35	0.60	29.7
3/4	10.70	0.20	10.50	3/4	30.90	0.60	30.3
5	11.25	0.20	11.05	**14**	31.50	0.60	30.9
1/4	11.80	0.25	11.55	1/4	32.05	0.65	31.4
1/2	12.35	0.25	12.10	1/2	32.60	0.65	31.9
3/4	12.95	0.25	12.70	3/4	33.20	0.65	32.5
6	13.50	0.25	13.25	**15**	33.75	0.70	33.0
1/4	14.05	0.30	13.75	1/4	34.30	0.70	33.6
1/2	14.60	0.30	14.30	1/2	34.85	0.70	34.1
3/4	15.20	0.30	14.90	3/4	35.45	0.70	34.7
7	15.75	0.30	15.45	**16**	36.00	0.70	35.3
1/4	16.30	0.30	16.00	1/4	36.55	0.70	35.8
1/2	16.85	0.35	16.50	1/2	37.10	0.75	36.3
3/4	17.45	0.35	17.10	3/4	37.70	0.75	36.9
8	18.00	0.35	17.65	**17**	38.25	0.75	37.5
1/4	18.55	0.35	18.20	1/4	38.80	0.80	38.0
1/2	19.10	0.40	18.70	1/2	39.35	0.80	38.5
3/4	19.70	0.40	19.30	3/4	39.90	0.80	39.1

18	40.50	0.80	39.70
1/4	41.05	0.80	40.25
1/2	41.60	0.80	40.80
3/4	42.20	0.85	41.35
19	42.75	0.85	41.90
1/4	43.30	0.85	42.45
1/2	43.85	0.90	42.95
3/4	44.45	0.90	43.55
20	45.00	0.90	44.10
1/4	45.55	0.90	44.65
1/2	46.10	0.90	45.25
3/4	46.70	0.95	45.75
21	47.25	0.95	46.30
1/4	47.80	0.95	46.85
1/2	48.35	0.95	47.40
3/4	48.95	1.00	47.95
22	49.50	1.00	48.50
1/4	50.05	1.00	49.05
1/2	50.60	1.00	49.60
3/4	51.20	1.00	50.20
23	51.75	1.05	50.70
1/4	52.30	1.05	51.25
1/2	52.85	1.05	51.80
3/4	53.45	1.05	52.40
24	54.00	1.10	52.90
1/4	54.55	1.10	53.45
1/2	55.10	1.10	54.00
3/4	55.70	1.10	54.60
25	56.25	1.10	55.15
1/4	56.80	1.15	55.65
1/2	57.35	1.15	56.20
3/4	57.95	1.15	56.80
26	58.50	1.15	57.35
1/4	59.05	1.20	57.85
1/2	59.60	1.20	58.40
3/4	60.20	1.20	59.00
27	60.75	1.20	59.55
1/4	61.30	1.25	60.05
1/2	61.85	1.25	60.60
3/4	62.45	1.25	61.20
28	63.00	1.25	61 75
1/4	63.55	1.25	62.30
1/2	64.10	1.30	62.80
3/4	64.70	1.30	63.40
29	65.25	1.30	63.95
1/4	65.80	1.30	64.50
1/2	66.35	1.35	65.00
3/4	66.95	1.35	65.60
30	67.50	1.35	66.15
1/4	68.05	1.35	66.70
1/2	68.60	1.35	67.25
3/4	69.20	1.40	67.80
31	69.75	1.40	68.35
1/4	70.30	1.40	68.90
1/2	70.85	1.40	69.45
3/4	71.45	1.45	70.00
32	72.00	1.45	70.55
1/4	72.55	1.45	71.10
1/2	73.10	1.45	71.65
3/4	73.70	1.45	72.25
33	74.25	1.50	72.75
1/4	74.80	1.50	73.30
1/2	75.35	1.50	73.85
3/4	75.95	1.50	74.45
34	76.50	1.50	75.05
1/4	77.05	1.55	75.50
1/2	77.60	1.55	76.05
3/4	78.20	1.55	76.65
35	78.75	1.60	77.15
1/4	79.30	1.60	77.70
1/2	79.85	1.60	78.25
3/4	80.45	1.60	78.85

2 f. 40 c.

0				**9**	21.60	0.45	21.
1/4	0.60	»	0.60	1/4	22.20	0.45	21.
1/2	1.20	»	1.20	1/2	22.80	0.45	22.
3/4	1.80	»	1.80	3/4	23.40	0.45	22.
1	2.40	0.05	2.35	**10**	24.00	0.50	23.
1/4	3.00	0.05	2.95	1/4	24.60	0.50	24.
1/2	3.60	0.05	3.55	1/2	25.20	0.50	24.
3/4	4.20	0.10	4.10	3/4	25.80	0.50	25.
2	4.80	0.10	4.70	**11**	26.40	0.50	25.
1/4	5.40	0.10	5.30	1/4	27.00	0.55	26.
1/2	6.00	0.10	5.90	1/2	27.60	0.55	27.
3/4	6.60	0.15	6.45	3/4	28.20	0.55	27.
3	7.20	0.15	7.05	**12**	28.80	0.60	28
1/4	7.80	0.15	7.65	1/4	29.40	0.60	28
1/2	8.40	0.15	8.25	1/2	30.00	0.60	29.
3/4	9.00	0.20	8.80	3/4	30.60	0.60	30
4	9.60	0.20	9.40	**13**	31.20	0.60	30
1/4	10.20	0.20	10.00	1/4	31.80	0.60	31
1/2	10.80	0.20	10.60	1/2	32.40	0.65	31
3/4	11.40	0.20	11.20	3/4	33.00	0.65	32
5	12.00	0.25	11.75	**14**	33.60	0.65	32
1/4	12.60	0.25	12.35	1/4	34.20	0.70	33
1/2	13.20	0.25	12.95	1/2	34.80	0.70	34
3/4	13.80	0.30	13.50	3/4	35.40	0.70	34
6	14.40	0.30	14.10	**15**	36.00	0.70	35
1/4	15.00	0.30	14.70	1/4	36.60	0.75	35
1/2	15 60	0.30	15.30	1/2	37.20	0.75	36
3/4	16.20	0.30	15.90	3/4	37.80	0.75	37
7	16.80	0.35	16.45	**16**	38.40	0.75	37
1/4	17.40	0.35	17 05	1/4	39.00	0.80	38
1/2	18.00	0.35	17.65	1/2	39.60	0.80	38
3/4	18.60	0.35	18.25	3/4	40.20	0.80	39
8	19.20	0.40	18.80	**17**	40.80	0.80	40
1/4	19.80	0.40	19.40	1/4	41.40	0.80	40
1/2	20.40	0.40	20.00	1/2	42.00	0.85	41
3/4	21.00	0.40	20.60	3/4	42.60	0.85	4

2 F. 40 C.

18	43.20	0.85	42.35	**27**	64.80	1.30	63.50
1/4	43.80	0.90	42.90	1/4	65.40	1.30	64.10
1/2	44.40	0.90	43.50	1/2	66.00	1.30	64.70
3/4	45.00	0.90	44.10	3/4	66.60	1.30	65.30
19	45.60	0.90	44.70	**28**	67.20	1.35	65.85
1/4	46.20	0.95	45.25	1/4	67.80	1.35	66.45
1/2	46.80	0.95	45.85	1/2	68.40	1.35	67.05
3/4	47.40	0.95	46.45	3/4	69.00	1.40	67.60
20	48.00	0.95	47.05	**29**	69.60	1.40	68.20
1/4	48.60	0.95	47.65	1/4	70.20	1.40	68.80
1/2	49.20	1.00	48.20	1/2	70.80	1.40	69.40
3/4	49.80	1.00	48.80	3/4	71.40	1.40	70.00
21	50.40	1.00	49.40	**30**	72.00	1.45	70.55
1/4	51.00	1.00	50.00	1/4	72.60	1.45	71.15
1/2	51.60	1.05	50.55	1/2	73.20	1.45	71.75
3/4	52.20	1.05	51.15	3/4	73.80	1.45	72.35
22	52.80	1.05	51.75	**31**	74.40	1.50	72.90
1/4	53.40	1.05	52.35	1/4	75.00	1.50	73.50
1/2	54.00	1.10	52.90	1/2	75.60	1.50	74.10
3/4	54.60	1.10	53.50	3/4	76.20	1.50	74.75
23	55.20	1.10	54.10	**32**	76.80	1.55	75.25
1/4	55.80	1.10	54.70	1/4	77.40	1.55	75.85
1/2	56.40	1.15	55.25	1/2	78.00	1.55	76.45
3/4	57.00	1.15	55.85	3/4	78.60	1.55	77.05
24	57.60	1.15	56.45	**33**	79.20	1.60	77.60
1/4	58.20	1.15	57.05	1/4	79.80	1.60	78.20
1/2	58.80	1.20	57.60	1/2	80.40	1.60	78.80
3/4	59.40	1.20	58.20	3/4	81.00	1.60	79.40
25	60.00	1.20	58.80	**34**	81.60	1.65	79.95
1/4	60.60	1.20	59.40	1/4	82.20	1.65	80.55
1/2	61.20	1.20	60.00	1/2	82.80	1.65	81.15
3/4	61.80	1.25	60.55	3/4	83.40	1.65	81.75
26	62.40	1.25	61.15	**35**	84.00	1.70	82.30
1/4	63.00	1.25	61.75	1/4	84.60	1.70	82.90
1/2	63.60	1.25	62.35	1/2	85.20	1.70	83.50
3/4	64.20	1.30	62.90	3/4	85.80	1.70	84.10

2 F. 50 C.

0			
1/4	0.60	»	0.60
1/2	1.25	»	1.25
3/4	1.85	»	1.85
1	2.50	0.05	2.45
1/4	3.10	0.05	3.05
1/2	3.75	0.10	3.65
3/4	4.35	0.10	4.25
2	5.00	0.10	4.90
1/4	5.60	0.10	5.50
1/2	6.25	0.15	6.10
3/4	6.85	0.15	6.70
3	7.50	0.15	7.35
1/4	8.10	0.15	7.95
1/2	8.75	0.20	8.55
3/4	9.35	0.20	9.15
4	10.00	0.20	9.80
1/4	10.60	0.20	10.40
1/2	11.25	0.25	11.00
3/4	11.85	0.25	11.60
5	12.50	0.25	12.25
1/4	13.10	0.25	12.85
1/2	13.75	0.30	13.45
3/4	14.35	0.30	14.05
6	15.00	0.30	14.70
1/4	15.60	0.30	15.30
1/2	16.25	0.35	15.90
3/4	16.85	0.35	16.50
7	17.50	0.35	17.15
1/4	18.10	0.35	17.75
1/2	18.75	0.40	18.35
3/4	19.35	0.40	18.95
8	20.00	0.40	19.60
1/4	20.60	0.40	20.20
1/2	21.25	0.45	20.80
3/4	21.85	0.45	21.40
9	22.50	0.45	22.0
1/4	23.10	0.45	22.6
1/2	23.75	0.50	23.2
3/4	24.35	0.50	23.8
10	25.00	0.50	24.5
1/4	25.60	0.50	25.1
1/2	26.25	0.55	25.7
3/4	26.85	0.55	26.3
11	27.50	0.55	26.9
1/4	28.10	0.55	27.5
1/2	28.75	0.60	28.1
3/4	29.35	0.60	28.7
12	30.00	0.60	29.4
1/4	30.60	0.60	30.0
1/2	31.25	0.65	30.6
3/4	31.85	0.65	31.2
13	32.50	0.65	31.8
1/4	33.10	0.65	32.4
1/2	33.75	0.70	33.0
3/4	34.35	0.70	33.6
14	35.00	0.70	34.3
1/4	35.60	0.70	34.9
1/2	36.25	0.75	35.5
3/4	36.85	0.75	36.1
15	37.50	0.75	36.7
1/4	38.10	0.75	37.3
1/2	38.75	0.80	37.9
3/4	39.35	0.80	38.5
16	40.00	0.80	39.2
1/4	40.60	0.80	39.8
1/2	41.25	0.85	40.4
3/4	41.85	0.85	41.0
17	42.50	0.85	41.6
1/4	43.10	0.85	42.2
1/2	43.75	0.90	42.8
3/4	44.35	0.90	43.4

2 F. 50 c.

18	45.00	0.90	44.10	**27**	67.50	1.35	66.15
1/4	45.60	0.90	44.70	1/4	68.10	1.35	66.75
1/2	46.25	0.95	45.30	1/2	68.75	1.40	67.35
3/4	46.85	0.95	45.90	3/4	69.35	1.40	67.95
19	47.50	0.95	46.55	**28**	70.00	1.40	68 60
1/4	48.10	0.95	47.15	1/4	70.60	1.40	69.20
1/2	48.75	1.00	47.75	1/2	71.25	1.45	69.80
3/4	49.35	1.00	48.35	3/4	71.85	1.45	70.40
20	50.00	1.00	49.00	**29**	72.50	1.45	71.05
1/4	50.60	1.00	49.60	1/4	73.10	1.45	71.65
1/2	51.25	1.05	50.20	1/2	73.75	1.50	72.25
3/4	51.85	1.05	50.80	3/4	74.35	1.50	72.85
21	52.50	1.05	51.45	**30**	75.00	1.50	73.50
1/4	53.10	1.05	52.05	1/4	75.60	1.50	74.10
1/2	53.75	1.10	52.65	1/2	76.25	1.55	74.70
3/4	54.35	1.10	53.25	3/4	76.85	1.55	75.30
22	55.00	1.10	53.90	**31**	77.50	1.55	75.95
1/4	55.60	1.10	54.50	1/4	78.10	1.55	76.55
1/2	56.25	1.15	55.10	1/2	78.75	1.60	77.15
3/4	56.85	1.15	55.70	3/4	79.35	1.60	77.75
23	57.50	1.15	56.35	**32**	80.00	1.60	78.40
1/4	58.10	1.15	56.95	1/4	80.60	1.60	79.00
1/2	58.75	1.20	57.55	1/2	81.25	1.65	79.60
3/4	59.35	1.20	58.15	3/4	81.85	1.65	80.20
24	60.00	1.20	58.80	**33**	82.50	1.65	80.85
1/4	60.60	1.20	59.40	1/4	83.10	1.65	81.45
1/2	61.25	1.25	60.00	1/2	83.75	1.70	82.05
3/4	61.85	1.25	60.60	3/4	84.35	1.70	82.65
25	62.50	1.25	61.25	**34**	85.00	1.70	83.30
1/4	63.10	1.25	61.85	1/4	85.60	1.70	83.90
1/2	63.75	1.30	62.45	1/2	86.25	1.75	84.50
3/4	64.35	1.30	63.05	3/4	86.85	1.75	85.10
26	65.00	1.30	63.70	**35**	87.50	1.75	85.75
1/4	65.60	1.30	64.30	1/4	88.10	1.75	86.35
1/2	66.25	1.35	64.90	1/2	88.75	1.80	86.95
3/4	66.85	1.35	65.50	3/4	89.35	1.80	87.55

2 F. 60 C.

0				**9**	23.40	0.45	22.
1/4	0.65	»	0.65	1/4	24.05	0.50	23.
1/2	1.30	»	1.30	1/2	24.70	0.50	24.
3/4	1.95	»	1.95	3/4	25.35	0.50	24.
1	2.60	0.05	2.55	**10**	26.00	0.50	25.
1/4	3.25	0.05	3.20	1/4	26.65	0.55	26.
1/2	3.90	0.10	3.80	1/2	27.30	0.55	26.
3/4	4.55	0.10	4.45	3/4	27.95	0.55	27.
2	5.20	0.10	5.10	**11**	28.60	0.55	28.
1/4	5.85	0.10	5.75	1/4	29.25	0.60	28.
1/2	6.50	0.15	6.35	1/2	29.90	0.60	29.
3/4	7.15	0.15	7.00	3/4	30.55	0.60	29.
3	7.80	0.15	7.65	**12**	31.20	0.60	30.
1/4	8.45	0.15	8.30	1/4	31.85	0.65	31.
1/2	9.10	0.20	8.90	1/2	32.50	0.65	31.
3/4	9.75	0.20	9.55	3/4	33.15	0.65	32.
4	10.40	0.20	10.20	**13**	33.80	0.70	33.
1/4	11.05	0.20	10.85	1/4	34.45	0.70	33.
1/2	11.70	0.20	11.50	1/2	35.10	0.70	34.
3/4	12.35	0.25	12.10	3/4	35.75	0.70	35.
5	13.00	0.25	12.75	**14**	36.40	0.75	35.
1/4	13.65	0.25	13.40	1/4	37.05	0.75	36.
1/2	14.30	0.30	14.00	1/2	37.70	0.75	36.
3/4	14.95	0.30	14.65	3/4	38.35	0.75	37.
6	15.60	0.30	15.30	**15**	39.00	0.80	38.
1/4	16.25	0.30	15.95	1/4	39.65	0.80	38.
1/2	16.90	0.35	16.55	1/2	40.30	0.80	39.
3/4	17.55	0.35	17.20	3/4	40.95	0.80	40.
7	18.20	0.35	17.85	**16**	41.60	0.80	40.
1/4	18.85	0.40	18.45	1/4	42.25	0.85	41.
1/2	19.50	0.40	19.10	1/2	42.90	0.85	42.
3/4	20.15	0.40	19.75	3/4	43.55	0.85	42.
8	20.80	0.40	20.40	**17**	44.20	0.90	43.
1/4	21.45	0.40	21.05	1/4	44.85	0.90	43.
1/2	22.10	0.45	21.65	1/2	45.50	0.90	44.
3/4	22.75	0.45	22.30	3/4	46.15	0.90	45.

18	46.80	0.95	45 85	**27**	70.20	1.40	68 80
1/4	47.45	0.95	46.50	1/4	70.85	1.40	69.45
1/2	48.10	0.95	47.15	1/2	71.50	1.40	70.10
3/4	48.75	1.00	47.75	3/4	72.15	1.45	70.70
19	49.40	1.00	48.40	**28**	72.80	1.45	71.35
1/4	50.05	1.00	49.05	1/4	73.45	1.45	72.00
1/2	50.70	1.00	49.70	1/2	74.10	1.50	72.60
3/4	51.35	1.00	50.35	3/4	74.75	1.50	73.25
20	52.00	1.05	50.95	**29**	75.40	1.50	73.90
1/4	52.65	1.05	51.60	1/4	76.05	1.50	74.55
1/2	53.30	1.05	52.25	1/2	76.70	1.55	75.15
3/4	53.95	1.10	52.85	3/4	77.35	1.55	75.80
21	54.60	1.10	53.50	**30**	78.00	1.55	76.45
1/4	55.25	1.10	54.15	1/4	78.65	1.55	77.10
1/2	55.90	1.15	54.75	1/2	79.30	1.60	77.70
3/4	56.55	1.15	55.40	3/4	79.95	1.60	78.35
22	57.20	1.15	56.05	**31**	80.60	1.60	79.00
1/4	57.85	1.15	56.75	1/4	81.25	1.65	79.60
1/2	58.50	1.15	57.30	1/2	81.90	1.65	80.25
3/4	59.15	1.20	57.95	3/4	82.55	1.65	80.90
23	59.80	1.20	58.60	**32**	83.20	1.65	81.55
1/4	60.45	1.20	59.25	1/4	83.85	1.70	82.15
1/2	61.10	1.20	59.90	1/2	84.50	1.70	82.85
3/4	61.75	1.25	60.50	3/4	85.15	1.70	83.45
24	62.40	1.25	61.15	**33**	85.80	1.70	84.10
1/4	63.05	1.25	61.80	1/4	86.45	1.70	84.75
1/2	63.70	1.25	62.45	1/2	87.10	1.75	85.35
3/4	64.35	1.30	63.05	3/4	87.75	1.75	86.00
25	65.00	1.30	63.70	**34**	88.40	1.75	86.65
1/4	65.65	1.30	64.35	1/4	89.05	1.80	87.25
1/2	66.30	1.30	65.00	1/2	89.70	1.80	87.90
3/4	66.95	1.35	65.60	3/4	90.35	1.80	88.55
26	67.60	1.35	66.25	**35**	91.00	1.80	89.20
1/4	68.25	1.35	66.90	1/4	91.65	1.85	89.80
1/2	68.90	1.40	67.50	1/2	92.30	1.85	90.45
3/4	69.55	1.40	68.15	3/4	92.95	1.85	91.10

2 F. 70 C.

0				**9**	24.30	0.50	23.
1/4	0.65	»	0.65	1/4	24.95	0.50	24.
1/2	1.35	»	1.35	1/2	25.65	0.50	25.
3/4	2.00	»	2.00	3/4	26.30	0.55	25.
1	2.70	0.05	2.65	**10**	27.00	0.55	26.
1/4	3.35	0.05	3.30	1/4	27.65	0.55	27.
1/2	4.05	0.10	3.95	1/2	28.35	0.55	27.
3/4	4.70	0.10	4.60	3/4	29.00	0.60	28.
2	5.40	0.10	5.30	**11**	29.70	0.60	29.
1/4	6.05	0.10	5.95	1/4	30.35	0.60	29.
1/2	6.75	0.15	6.60	1/2	31.05	0.60	30.
3/4	7.40	0.15	7.25	3/4	31.70	0.65	31.
3	8.10	0.15	7.95	**12**	32.40	0.65	31.7
1/4	8.75	0.20	8.55	1/4	33.05	0.65	32.4
1/2	9.45	0.20	9.25	1/2	33.75	0.70	33.0
3/4	10.10	0.20	9.90	3/4	34.40	0.70	33.7
4	10.80	0.20	10.60	**13**	35.10	0.70	34.4
1/4	11.45	0.20	11.25	1/4	35.75	0.70	35.0
1/2	12.15	0.25	11.90	1/2	36.45	0.70	35.7
3/4	12.80	0.25	12.55	3/4	37.10	0.75	36.3
5	13.50	0.25	13.25	**14**	37.80	0.75	37.0
1/4	14.15	0.30	13.85	1/4	38.45	0.75	37.7
1/2	14.85	0.30	14.55	1/2	39.15	0.80	38.3
3/4	15.50	0.30	15.20	3/4	39.80	0.80	39.0
6	16.20	0.30	15.90	**15**	40.50	0.80	39.7
1/4	16.85	0.35	16.50	1/4	41.15	0.80	40.3
1/2	17.55	0.35	17.20	1/2	41.85	0.85	41.0
3/4	18.20	0.35	17.85	3/4	42.50	0.85	40.6
7	18.90	0.40	18.50	**16**	43.20	0.85	42.3
1/4	19.55	0.40	19.15	1/4	43.85	0.90	42.9
1/2	20.25	0.40	19.85	1/2	44.55	0.90	43.6
3/4	20.90	0.40	20.50	3/4	45.20	0.90	44.3
8	21.60	0.40	21.20	**17**	45.90	0.90	45.0
1/4	22.25	0.45	21.80	1/4	46.55	0.90	45.6
1/2	22.95	0.45	22.50	1/2	47.25	0.95	46.3
3/4	23.60	0.45	23.15	3/4	47.90	0.95	46.9

18	48.60	0.95	47.65	**27**	72.90	1.45	71.45
1/4	49.20	1.00	48.20	1/4	73.55	1.45	72.10
1/2	49.95	1.00	48.95	1/2	74.25	1.50	72.75
3/4	50.60	1.00	49.60	3/4	74.90	1.50	73.40
19	51.30	1.05	50.25	**28**	75.60	1.50	74.10
1/4	51.95	1.05	50.90	1/4	76.25	1.50	74.75
1/2	52.65	1.05	51.60	1/2	76.95	1.55	75.40
3/4	53.30	1.05	52.25	3/4	77.60	1.55	76.05
20	54.00	1.10	52.90	**29**	78.30	1.55	76.75
1/4	54.65	1.10	53.55	1/4	78.95	1.55	77.40
1/2	55.35	1.10	54.25	1/2	79.65	1.60	78.05
3/4	56.00	1.10	54.90	3/4	80.30	1.60	78.70
21	56.70	1.15	55.55	**30**	81.00	1.60	79.40
1/4	57.35	1.15	56.20	1/4	81.65	1.65	80.00
1/2	58.05	1.15	56.90	1/2	82.35	1.65	80.70
3/4	58.70	1.15	57.55	3/4	83.00	1.65	81.35
22	59.40	1.20	58.20	**31**	83.70	1.65	82.05
1/4	60.05	1.20	58.85	1/4	84.35	1.70	82.65
1/2	60.75	1.20	59.55	1/2	85.05	1.70	83.35
3/4	61.40	1.20	60.20	3/4	85.70	1.70	84.00
23	62.10	1.25	60.85	**32**	86.40	1.70	84.70
1/4	62.75	1.25	61.50	1/4	87.05	1.75	85.30
1/2	63.45	1.25	62.20	1/2	87.75	1.75	86.00
3/4	64.10	1.30	62.80	3/4	88.40	1.75	86.65
24	64.80	1.30	63.50	**33**	89.10	1.80	87.30
1/4	65.45	1.30	64.15	1/4	89.75	1.80	87.95
1/2	66.15	1.30	64.85	1/2	90.45	1.80	88.65
3/4	66.80	1.35	65.45	3/4	91.10	1.80	89.30
25	67.50	1.35	66.15	**34**	91.80	1.85	89.95
1/4	68.15	1.35	66.80	1/4	92.45	1.85	90.60
1/2	68.85	1.40	67.45	1/2	93.15	1.85	91.30
3/4	69.50	1.40	68.10	3/4	93.80	1.90	91.90
26	70.20	1.40	68.80	**35**	94.50	1.90	92.60
1/4	70.85	1.40	69.45	1/4	95.15	1.90	93.25
1/2	71.55	1.45	70.10	1/2	95.85	1.90	93.95
3/4	72.20	1.45	70.75	3/4	96.50	1.90	94.60

2 F. 75 C.

0				**9**	24.75	0.50	24.
1/4	0.70	»	0.70	1/4	25.45	0.50	24.
1/2	1.35	»	1.35	1/2	26.10	0.50	25.
3/4	2.05	0.05	2.00	3/4	26.80	0.55	26.
1	2.75	0.05	2.70	**10**	27.50	0.55	26.
1/4	3.45	0.05	3.40	1/4	28.20	0.55	27.
1/2	4.10	0.10	4.00	1/2	28.85	0.55	28.
3/4	4.80	0.10	4.70	3/4	29.55	0.60	28.
2	5.50	0.10	5.40	**11**	30.25	0.60	29.
1/4	6.10	0.10	6.00	1/4	30.95	0.60	30.
1/2	6.85	0.15	6.70	1/2	31.60	0.60	31.
3/4	7.55	0.15	7.40	3/4	32.30	0.65	31.
3	8.25	0.15	8.10	**12**	33.00	0.65	32.
1/4	8.95	0.20	8.75	1/4	33.70	0.70	33.
1/2	9.60	0.20	9.40	1/2	34.35	0.70	33.
3/4	10.30	0.20	10.10	3/4	35.05	0.70	34.
4	11.00	0.20	10.80	**13**	35.75	0.70	35.
1/4	11.70	0.25	11.45	1/4	36.45	0.75	35.
1/2	12.35	0.25	12.10	1/2	37.10	0.75	36.
3/4	13.05	0.25	12.80	3/4	37.80	0.75	37.
5	13.75	0.30	13.45	**14**	38.50	0.75	37.
1/4	14.45	0.30	14.15	1/4	39.20	0.80	38.
1/2	15.10	0.30	14.80	1/2	39.85	0.80	39.
3/4	15.80	0.30	15.50	3/4	40.55	0.80	39.
6	16.50	0.30	16.20	**15**	41.25	0.80	40.
1/4	17.20	0.35	16.85	1/4	41.95	0.85	41.
1/2	17 85	0.35	17.50	1/2	42.65	0.85	41.
3/4	18.55	0.35	18.20	3/4	43.30	0.85	42.
7	19.25	0.40	18.85	**16**	44.00	0.90	43.
1/4	19.95	0.40	19.55	1/4	44.70	0.90	43.
1/2	20.60	0.40	20.20	1/2	45.35	0.90	44.
3/4	21.30	0.40	20.90	3/4	46.05	0.90	45.
8	22.00	0.45	21.55	**17**	46.75	0.95	45.
1/4	22.70	0.45	22.25	1/4	47.45	0.95	46.
1/2	23.35	0.45	22.90	1/2	48.10	0.95	47.
3/4	24.05	0.50	23.55	3/4	48.80	0.95	47.

18	49.50	1.00	48.50	**27**	74.25	1.50	72.75
1/4	50.20	1.00	49.20	1/4	74.95	1.50	73.45
1/2	50.85	1.00	49.85	1/2	75.60	1.50	74.10
3/4	51.55	1.00	50.55	3/4	76.30	1.50	74.80
19	52.25	1.05	51.20	**28**	77.00	1.55	75.45
1/4	52.95	1.05	51.90	1/4	77.70	1.55	76.15
1/2	53.60	1.05	52.55	1/2	78.35	1.55	76.80
3/4	54.30	1.10	53.20	3/4	79.05	1.60	77.45
20	55.00	1.10	53.90	**29**	79.75	1.60	78.15
1/4	55.70	1.10	54.60	1/4	80.45	1.60	78.85
1/2	56.35	1.15	55.20	1/2	81.10	1.60	79.50
3/4	57.05	1.15	55.90	3/4	81.80	1.65	80.15
21	57.75	1.15	56.60	**30**	82.50	1.65	80.85
1/4	58.45	1.15	57.30	1/4	83.20	1.65	81.55
1/2	59.10	1.20	57.90	1/2	83.85	1.70	82.15
3/4	59.80	1.20	58.60	3/4	84.55	1.70	82.85
22	60.50	1.20	59.30	**31**	85.25	1.70	83.55
1/4	61.20	1.20	60.00	1/4	85.95	1.70	84.25
1/2	61.85	1.25	60 60	1/2	86.60	1.70	84.90
3/4	62.55	1.25	61.30	3/4	87.30	1.75	85.55
23	63.25	1.25	62.00	**32**	88.00	1.75	86.25
1/4	63.95	1.25	62.70	1/4	88.70	1.75	86.95
1/2	64.60	1.30	63.30	1/2	89.35	1.80	87.55
3/4	65.30	1.30	64.00	3/4	90.05	1.80	88.25
24	66.00	1.30	64.70	**33**	90.75	1.80	88.95
1/4	66.70	1.30	65.40	1/4	91.45	1.85	89.60
1/2	67.35	1.35	66.00	1/2	92.10	1.85	90.25
3/4	68.05	1.35	66.70	3/4	92.80	1.85	90.95
25	68.75	1.40	67.35	**34**	93.50	1.85	91.65
1/4	69.45	1.40	68.05	1/4	94.20	1.90	92.30
1/2	70.10	1.40	68.70	1/2	94.85	1.90	92.95
3/4	70.80	1.40	69.40	3/4	95.55	1.90	93.65
26	71.50	1.45	70.05	**35**	96.25	1.95	94.30
1/4	72.20	1.45	70.75	1/4	96.95	1.95	95.00
1/2	72.85	1.45	71.40	1/2	97.60	1.95	95.65
3/4	73.55	1.45	72.10	3/4	98.30	1.95	96.35

3 F. 00 C.

0				**9**	27.00	0.55	26.
1/4	0.75	»	0.75	1/4	27.75	0.55	27.
1/2	1.50	»	1.50	1/2	28.50	0.55	27.
3/4	2.25	0.05	2.20	3/4	29.25	0.60	28.
1	3.00	0.05	2.95	**10**	30.00	0.60	29.
1/4	3.75	0.10	3.65	1/4	30.75	0.60	30.
1/2	4.50	0.10	4.40	1/2	31.50	0.65	30.
3/4	5.25	0.10	5.15	3/4	32.25	0.65	31.
2	6.00	0.10	5.90	**11**	33.00	0.65	32.
1/4	6.75	0.15	6.60	1/4	33.75	0.70	33.
1/2	7.50	0.15	7.35	1/2	34.50	0.70	33
3/4	8.25	0.15	8.10	3/4	35.25	0.70	34
3	9.00	0.20	8.80	**12**	36.00	0.70	35
1/4	9.75	0.20	9.55	1/4	36.75	0.75	36
1/2	10.50	0.20	10.30	1/2	37.50	0.75	36
3/4	11.25	0.25	11.00	3/4	38.25	0.75	37
4	12.00	0.25	11.75	**13**	39.00	0.80	38
1/4	12.75	0.25	12.50	1/4	39.75	0.80	38
1/2	13.50	0.25	13.25	1/2	40.50	0.80	39
3/4	14.25	0.30	13.95	3/4	41.25	0.85	40
5	15.00	0.30	14.70	**14**	42.00	0.85	41
1/4	15.75	0.30	15.45	1/4	42.75	0.85	41
1/2	16.50	0.35	16.15	1/2	43.50	0.85	42
3/4	17.25	0.35	16.90	3/4	44.25	0.90	43
6	18.00	0.35	17.65	**15**	45.00	0.90	44
1/4	18.75	0.40	18.35	1/4	45.75	0.90	44
1/2	19.50	0.40	19.10	1/2	46.50	0.90	45
3/4	20.25	0.40	19.85	3/4	47.25	0.95	46
7	21.00	0.40	20.60	**16**	48.00	0.95	47
1/4	21.75	0.45	21.30	1/4	48.75	1.00	47
1/2	22.50	0.45	22.05	1/2	49.50	1.00	48
3/4	23.25	0.45	22.80	3/4	50.25	1.00	49
8	24.00	0.50	23.50	**17**	51.00	1.00	50
1/4	24.75	0.50	24.25	1/4	51.75	1.05	50
1/2	25.50	0.50	25.00	1/2	52.50	1.05	51
3/4	26.25	0.55	25.70	3/4	53.25	1.05	52

3 F. 00 c.

18	54.00	1.10	52.90	**27**	81.00	1.60	79.40
1/4	54.75	1.10	53.65	1/4	81.75	1.60	80.15
1/2	55.50	1.10	54.40	1/2	82.50	1.65	80.85
3/4	56.25	1.15	55.10	3/4	83.25	1.65	81.60
19	57.00	1.15	55.85	**28**	84.00	1.70	82 30
1/4	57.75	1.15	56.60	1/4	84.75	1.70	83.05
1/2	58.50	1.15	57.35	1/2	85.50	1.70	83.80
3/4	59.25	1.20	58.05	3/4	86.25	1.70	84.55
20	60.00	1.20	58.80	**29**	87.00	1.75	85.25
1/4	60.75	1.20	59.55	1/4	87.75	1.75	86.00
1/2	61.50	1.25	60.25	1/2	88.50	1.75	86.75
3/4	62.25	1.25	61.00	3/4	89.25	1.80	87.45
21	63.00	1.25	61.75	**30**	90.00	1.80	88.20
1/4	63.75	1.30	62.45	1/4	90.75	1.80	88.95
1/2	64.50	1.30	63.20	1/2	91.50	1.85	89.65
3/4	65.25	1.30	63.95	3/4	92.25	1.85	90.40
22	66.00	1.30	64.70	**31**	93.00	1.85	91.15
1/4	66.75	1.35	65.40	1/4	93.75	1.90	91.85
1/2	67.50	1.35	66.15	1/2	94.50	1.90	92.60
3/4	68.25	1.35	66.90	3/4	95.25	1.90	93.35
23	69.00	1.40	67.60	**32**	96.00	1.90	94.10
1/4	69.75	1.40	68.35	1/4	96.75	1.95	94.80
1/2	70.50	1.40	69.10	1/2	97.50	1.95	95.55
3/4	71.25	1.40	69.85	3/4	98.25	1.95	96.30
24	72.00	1.45	70.55	**33**	99.00	2.00	97.00
1/4	72.75	1.45	71.30	1/4	99.75	2.00	97.75
1/2	73.50	1.45	72.05	1/2	100.50	2.00	98.50
3/4	74.25	1.50	72.75	3/4	101.25	2.05	99.20
25	75.00	1.50	73.50	**34**	102.00	2.05	99.95
1/4	75.75	1.50	74.25	1/4	102.75	2.05	100.70
1/2	76.50	1.50	75.00	1/2	103.50	2.05	101.45
3/4	77.25	1.55	75.70	3/4	104.25	2.10	102.15
26	78.00	1.55	76.45	**35**	105.00	2.10	102.90
1/4	78.75	1.55	77.20	1/4	105.75	2.10	103.65
1/2	79.50	1.60	77.90	1/2	106.50	2.15	104.35
3/4	80.25	1.60	78.65	3/4	107.25	2.15	105.10

0				**9**	29.25	0.60	28.65
1/4	0.80	»	0.80	1/4	30.05	0.60	29.45
1/2	1.60	»	1.60	1/2	30.85	0.60	30.25
3/4	2.45	0.05	2.40	3/4	31.70	0.65	31.05
1	3.25	0.05	3.20	**10**	32.50	0.65	31.85
1/4	4.05	0.10	3.95	1/4	33.30	0.65	32.65
1/2	4.85	0.10	4.75	1/2	34.10	0.70	33.40
3/4	5.70	0.10	5.60	3/4	34.95	0.70	34.25
2	6.50	0.15	6.35	**11**	35.75	0.70	35.05
1/4	7.30	0.15	7.15	1/4	36.55	0.75	35 80
1/2	8.10	0.15	7.95	1/2	37.35	0.75	36.60
3/4	8.95	0.20	8.75	3/4	38.20	0.75	37.45
3	9.75	0.20	9.55	**12**	39.00	0.80	38.20
1/4	10.55	0.20	10.35	1/4	39.80	0.80	39.00
1/2	11.35	0.25	11.10	1/2	40.60	0.80	39.80
3/4	12.20	0.25	11.95	3/4	41.45	0 85	40.60
4	13.00	0.25	12.75	**13**	42.25	0.85	41.40
1/4	13.80	0.25	13.55	1/4	43.05	0.85	42.20
1/2	14.60	0.30	14.30	1/2	43.85	0.90	42.95
3/4	15.45	0.30	15.15	3/4	44.70	0.90	43.80
5	16.25	0.30	15.95	**14**	45.50	0.90	44.60
1/4	17.05	0.35	16.70	1/4	46.30	0.95	45.35
1/2	17.85	0.35	17.50	1/2	47.10	0.95	46.15
3/4	18.70	0.35	18.35	3/4	47.95	0.95	47.00
6	19.50	0.40	19.10	**15**	48.75	0.95	47.80
1/4	20.30	0.40	19.90	1/4	49.55	1.00	48.55
1/2	21.10	0.40	20.70	1/2	50.35	1.00	49.35
3/4	21.95	0.45	21.50	3/4	51.20	1.00	50.20
7	22.75	0.45	22.30	**16**	52.00	1.05	50.95
1/4	23.55	0.45	23.10	1/4	52.80	1.05	51.75
1/2	24.35	0.50	23.85	1/2	53.60	1.05	52.55
3/4	25.20	0.50	24.70	3/4	54.45	1.10	53.35
8	26.00	0.50	25.50	**17**	55.25	1.10	54.15
1/4	26.80	0.55	26.25	1/4	56.05	1.10	54.95
1/2	27.60	0.55	27.05	1/2	56.85	1.15	55.70
3/4	28.45	0.55	27.90	3/4	57.70	1.15	56.55

18	58.50	1.15	57.35	**27**	87.75	1.75	86.00
1/4	59.30	1.20	58.10	1/4	88.55	1.75	86.80
1/2	60.10	1.20	58.90	1/2	89.35	1.80	87.55
3/4	60.95	1.20	59.75	3/4	90.20	1.80	88.40
19	61.75	1.25	60.50	**28**	91.00	1.80	89.20
1/4	62.55	1.25	61.30	1/4	91.80	1.85	89.95
1/2	63.35	1.25	62.10	1/2	92.60	1.85	90.75
3/4	64.20	1.30	62.90	3/4	93.45	1.85	91.60
20	65.00	1.30	63.70	**29**	94.25	1.90	92.35
1/4	65.80	1.30	64.50	1/4	95.05	1.90	93.15
1/2	66.60	1.35	65.25	1/2	95.85	1.90	93.95
3/4	67.45	1.35	66.10	3/4	96.70	1.95	94.75
21	68.25	1.35	66.90	**30**	97.50	1.95	95.55
1/4	69.05	1.40	67.65	1/4	98.30	1.95	96.35
1/2	69.85	1.40	68.45	1/2	99.10	2.00	97.10
3/4	70.70	1.40	69.30	3/4	99.95	2.00	97.95
22	71.50	1.40	70.10	**31**	100.75	2.00	98.75
1/4	72.30	1.45	70.85	1/4	101.55	2.05	99.50
1/2	73.10	1.45	71.65	1/2	102.35	2.05	100.30
3/4	73.95	1.50	72.45	3/4	103.20	2.05	101.15
23	74.75	1.50	73.25	**32**	104.00	2.10	101.90
1/4	75.55	1.50	74.05	1/4	104.80	2.10	102.70
1/2	76.35	1.50	74.85	1/2	105.60	2.10	103.50
3/4	77.20	1.55	75.65	3/4	106.45	2.10	104.35
24	78.00	1.55	76.45	**33**	107.25	2.15	105.10
1/4	78.80	1.55	77.25	1/4	108.05	2.15	105.90
1/2	79.60	1.60	78.00	1/2	108.85	2.20	106.65
3/4	80.45	1.60	78.85	3/4	109.70	2.20	107.50
25	81.25	1.60	79.65	**34**	110.50	2.20	108.30
1/4	82.05	1.65	80.40	1/4	111.30	2.20	109.10
1/2	82.85	1.65	81.20	1/2	112.10	2.25	109.85
3/4	83.70	1.65	82.05	3/4	112.95	2.25	110.70
26	84.50	1.70	82.80	**35**	113.75	2.30	111.45
1/4	85.30	1.70	83.60	1/4	114.55	2.30	112.25
1/2	86.10	1.70	84.40	1/2	115.35	2.30	113.05
3/4	86.95	1.75	85.20	3/4	116.20	2.30	113.90

3 F. 40 C.

0					**9**	30.60	0.60	30.00
1/4	0.85	»	0.85		1/4	31.45	0.60	30.85
1/2	1.70	»	1.70		1/2	32.30	0.65	31.65
3/4	2.55	0.05	2.50		3/4	33.15	0.65	32.50
1	3.40	0.05	3.45		**10**	34.00	0.70	33.30
1/4	4.25	0.10	4.15		1/4	34.85	0.70	34.15
1/2	5.10	0.10	5.00		1/2	35.70	0.70	35.00
3/4	5.95	0.10	5.85		3/4	36.55	0.70	35.85
2	6.80	0.10	6.70		**11**	37.40	0.75	36.65
1/4	7.65	0.15	7.50		1/4	38.25	0.75	37.50
1/2	8.50	0.15	8.35		1/2	39.10	0.80	38.30
3/4	9.35	0.20	9.15		3/4	39.95	0.80	39.15
3	10.20	0.20	10.00		**12**	40.80	0.80	40.00
1/4	11.05	0.20	10.85		1/4	41.65	0.80	40.85
1/2	11.90	0.20	11.70		1/2	42.50	0.85	41.65
3/4	12.75	0.25	12.50		3/4	43.35	0.85	42.50
4	13.60	0.25	13.35		**13**	44.20	0.90	43.30
1/4	14.45	0.30	14.15		1/4	45.05	0.90	44.15
1/2	15.30	0.30	15.00		1/2	45.90	0.90	45.00
3/4	16.15	0.30	15.85		3/4	46.75	0.90	45.85
5	17.00	0.35	16.65		**14**	47.60	0.95	46.65
1/4	17.85	0.35	17.50		1/4	48.45	0.95	47.50
1/2	18.70	0.35	18.35		1/2	49.30	1.00	48.30
3/4	19.55	0.40	19.15		3/4	50.15	1.00	49.15
6	20.40	0.40	20.00		**15**	51.00	1.00	50.00
1/4	21.25	0.40	20.85		1/4	51.85	1.00	50.85
1/2	22.10	0.45	21.65		1/2	52.70	1.05	51.65
3/4	22.95	0.45	22.50		3/4	53.55	1.05	52.50
7	23.80	0.45	23.35		**16**	54.40	1.10	53.30
1/4	24.65	0.50	24.15		1/4	55.25	1.10	54.15
1/2	25.50	0.50	25.00		1/2	56.10	1.10	55.00
3/4	26.35	0.50	25.85		3/4	56.95	1.10	55.85
8	27.20	0.55	26.65		**17**	57.80	1.15	56.65
1/4	28.05	0.55	27.50		1/4	58.65	1.15	57.50
1/2	28.90	0.55	28.35		1/2	59.50	1.20	58.30
3/4	29.75	0.60	29.15		3/4	60.35	1.20	59.15

18	61.20	1.20	60.00	**27**	91.80	1.80	90.00
1/4	62.05	1.25	60.80	1/4	92.65	1.85	90.80
1/2	62.90	1.25	61.65	1/2	93.50	1.85	91.65
3/4	63.75	1.25	62.50	3/4	94.35	1.90	92.45
19	64.60	1.30	63.30	**28**	95.20	1.90	93.30
1/4	65.45	1.30	64.15	1/4	96.05	1.90	94.15
1/2	66.30	1.30	65.00	1/2	96.90	1.90	95.00
3/4	67.15	1.35	65.80	3/4	97.75	1.95	95.80
20	68.00	1.35	66.65	**29**	98.60	1.95	96.65
1/4	68.85	1.35	67.50	1/4	99.45	2.00	97.45
1/2	69.70	1.40	68.30	1/2	100.30	2.00	98.30
3/4	70.55	1.40	69.15	3/4	101.15	2.00	99.15
21	71.40	1.45	69.95	**30**	102.00	2.05	99.95
1/4	72.25	1.45	70.80	1/4	102.85	2.05	100.80
1/2	73.10	1.45	71.65	1/2	103.70	2.05	101.65
3/4	73.95	1.45	72.50	3/4	104.55	2.10	102.45
22	74.80	1.50	73.30	**31**	105.40	2.10	103.30
1/4	75.65	1.50	74.15	1/4	106.25	2.10	104.15
1/2	76.50	1.50	75.00	1/2	107.10	2.15	104.95
3/4	77.35	1.55	75.80	3/4	107.95	2.15	105.80
23	78.20	1.55	76.65	**32**	108.80	2.15	106.65
1/4	79.05	1.60	77.45	1/4	109.65	2.20	107.45
1/2	79.90	1.60	78.30	1/2	110.50	2.20	108.30
3/4	80.75	1.60	79.15	3/4	111.35	2.20	109.15
24	81.60	1.60	80.00	**33**	112.20	2.25	109.95
1/4	82.45	1.65	80.80	1/4	113.05	2.25	110.80
1/2	83.30	1.65	81.65	1/2	113.90	2.25	111.65
3/4	84.15	1.70	82.45	3/4	114.75	2.30	112.45
25	85.00	1.70	83.30	**34**	115.60	2.30	113.30
1/4	85.85	1.70	84.15	1/4	116.45	2.30	114.15
1/2	86.70	1.70	85.00	1/2	117.30	2.35	114.95
3/4	87.55	1.75	85.80	3/4	118.15	2.35	115.80
26	88.40	1.75	86.65	**35**	119.00	2.40	116.60
1/4	89.25	1.80	87.45	1/4	119.85	2.40	117.45
1/2	90.10	1.80	88.30	1/2	120.70	2.40	118.30
3/4	90.95	1.80	89.15	3/4	121.55	2.45	119.15

3 F. 50 C.

0				**9**	31.50	0.60	30.
1/4	0.85	»	0.85	1/4	32.35	0.65	31.7
1/2	1.75	»	1.75	1/2	33.25	0.65	32.
3/4	2.60	0.05	2.55	3/4	34.10	0.70	33.
1	3.50	0.05	3.45	**10**	35.00	0.70	34.
1/4	4.35	0.10	4.25	1/4	35.85	0.70	35.
1/2	5.25	0.10	5.15	1/2	36.75	0.75	36.0
3/4	6.10	0.10	6.00	3/4	37.60	0.75	36.8
2	7.00	0.15	6.85	**11**	38.50	0.75	37.7
1/4	7.85	0.15	7.70	1/4	39.35	0.80	38.5
1/2	8.75	0.15	8.60	1/2	40.25	0.80	39.4
3/4	9.60	0.20	9.40	3/4	41.10	0.80	40.
3	10.50	0.20	10.30	**12**	42.00	0.85	41.
1/4	11.35	0.20	11.15	1/4	42.85	0.85	42.0
1/2	12.25	0.25	12.00	1/2	43.75	0.85	42.9
3/4	13.10	0.25	12.85	3/4	44.60	0.90	43.7
4	14.00	0.30	13.70	**13**	45.50	0.90	44.6
1/4	14.85	0.30	14.55	1/4	46.35	0.90	45.4
1/2	15.75	0.30	15.45	1/2	47.25	0.95	46.3
3/4	16.60	0.35	16.25	3/4	48.10	0.95	47.1
5	17.50	0.35	17.15	**14**	49.00	1.00	48.0
1/4	18.35	0.35	18.00	1/4	49.85	1.00	48.8
1/2	19.25	0.40	18.85	1/2	50.75	1.00	49.7
3/4	20.10	0.40	19.70	3/4	51.60	1.05	50.5
6	21.00	0.40	20.60	**15**	52.50	1.05	51.4
1/4	21.85	0.45	21.40	1/4	53.35	1.10	52.2
1/2	22.75	0.45	22.30	1/2	54.25	1.10	53.1
3/4	23.60	0.45	23.15	3/4	55.10	1.10	54.0
7	24.50	0.50	24.00	**16**	56.00	1.10	54.9
1/4	25.35	0.50	24.85	1/4	56.85	1.15	55.7
1/2	26.25	0.50	25.75	1/2	57.75	1.15	56.6
3/4	27.10	0.55	26.55	3/4	58.60	1.15	57.4
8	28.00	0.55	27.45	**17**	59.50	1.20	58.3
1/4	28.85	0.60	28.25	1/4	60.35	1.20	59.1
1/2	29.75	0.60	29.15	1/2	61.25	1.25	60.0
3/4	30.60	0.60	30.00	3/4	62.10	1.25	60.8

18	63.00	1.25	61.75	**27**	94.50	1.90	92.60
1/4	63.85	1.30	62.55	1/4	95.35	1.90	93.45
1/2	64.75	1.30	63.45	1/2	96.25	1.95	94.30
3/4	65.60	1.30	64.30	3/4	97.10	1.95	95.15
19	66.50	1.35	65.15	**28**	98.00	1.95	96.05
1/4	67.35	1.35	66.00	1/4	98.85	1.95	96.90
1/2	68.25	1.35	66.90	1/2	99.75	2.00	97.75
3/4	69.10	1.40	67.70	3/4	100.60	2.00	98.60
20	70.00	1.40	68.60	**29**	101.50	2.00	99.50
1/4	70.85	1.40	69.45	1/4	102.35	2.05	100.30
1/2	71.75	1.45	70.30	1/2	103.25	2.05	101.20
3/4	72.60	1.45	71.15	3/4	104.10	2.10	102.00
21	73.50	1.45	72.05	**30**	105.00	2.10	102.90
1/4	74.35	1.50	72.85	1/4	105.85	2.10	103.75
1/2	75.25	1.50	73.75	1/2	106.75	2.15	104.60
3/4	76.10	1.50	74.60	3/4	107.60	2.15	105.45
22	77.00	1.55	75.45	**31**	108.50	2.20	106.30
1/4	77.85	1.55	76.30	1/4	109.35	2.20	107.15
1/2	78.75	1.60	77.15	1/2	110.25	2.20	108.05
3/4	79.60	1.60	78.00	3/4	111.10	2.20	108.90
23	80.50	1.60	78.90	**32**	112.00	2.25	109.75
1/4	81.35	1.65	79.70	1/4	112.85	2.25	110.60
1/2	82.25	1.65	80.60	1/2	113.75	2.30	111.45
3/4	83.10	1.65	81.40	3/4	114.60	2.30	112.30
24	84.00	1.70	82.30	**33**	115.50	2.30	113.20
1/4	84.85	1.70	83.15	1/4	116.35	2.35	114.00
1/2	85.75	1.70	84.05	1/2	117.25	2.35	114.90
3/4	86.60	1.75	84.85	3/4	118.10	2.35	115.75
25	87.50	1.75	85.75	**34**	119.00	2.40	116.60
1/4	88.35	1.75	86.60	1/4	119.85	2.40	117.65
1/2	89.25	1.80	87.45	1/2	120.75	2.40	118.35
3/4	90.10	1.80	88.30	3/4	121.60	2.45	119.15
26	91.00	1.80	89.20	**35**	122.50	2.45	120.05
1/4	91.85	1.85	90.00	1/4	123.35	2.45	120.90
1/2	92.75	1.85	90.90	1/2	124.25	2.50	121.75
3/4	93.60	1.85	91.70	3/4	125.10	2.50	122.60

0				**9**	32.40	0.65	31.75
1/4	0.90	»	0.90	1/4	33.30	0.65	32.65
1/2	1.80	»	1.80	1/2	34.20	0.70	33.50
3/4	2.70	0.05	2.65	3/4	35.10	0.70	34.40
1	3.60	0.05	3.55	**10**	36.00	0.70	35.30
1/4	4.50	0.10	4.40	1/4	36.90	0.70	36.20
1/2	5.40	0.10	5.30	1/2	37.80	0.75	37.05
3/4	6.30	0.15	6.15	3/4	38.70	0.75	37.95
2	7.20	0.15	7.05	**11**	39.60	0.80	38.80
1/4	8.10	0.15	7.95	1/4	40.50	0.80	39.70
1/2	9.00	0.20	8.80	1/2	41.40	0.80	40.60
3/4	9.90	0.20	9.70	3/4	42.30	0.85	41.45
3	10.80	0.20	10.60	**12**	43.20	0.85	42.35
1/4	11.70	0.20	11.50	1/4	44.10	0.90	43.20
1/2	12.60	0.25	12.35	1/2	45.00	0.90	44.10
3/4	13.50	0.25	13.25	3/4	45.90	0 90	45.00
4	14.40	0.30	14.10	**13**	46.80	0.90	45.90
1/4	15.30	0.30	15.00	1/4	47.70	0.95	46.75
1/2	16.20	0.30	15.90	1/2	48.60	0.95	47.65
3/4	17.10	0.35	16.75	3/4	49.50	1.00	48.50
5	18.00	0.35	17.65	**14**	50.40	1.00	49.40
1/4	18.90	0.40	18.55	1/4	51.30	1.00	50.30
1/2	19.80	0.40	19.40	1/2	52.20	1.05	51.15
3/4	20.70	0.40	20.30	3/4	53.10	1.05	52.05
6	21.60	0.45	21.15	**15**	54.00	1.10	52.90
1/4	22.50	0.45	22.05	1/4	54.90	1.10	53.80
1/2	23.40	0.45	22.95	1/2	55.80	1.10	54.70
3/4	24.30	0.50	23.80	3/4	56.70	1.10	55.60
7	25.20	0.50	24.70	**16**	57.60	1.15	56.45
1/4	26.10	0.50	25.60	1/4	58.50	1.15	57.35
1/2	27.00	0.55	26.45	1/2	59.40	1.20	58.20
3/4	27.90	0.55	27.35	3/4	60.30	1.20	59.10
8	28.80	0.60	28.20	**17**	61.20	1.20	60.00
1/4	29.70	0.60	29.10	1/4	62.10	1.25	60.85
1/2	30.60	0.60	30.00	1/2	63.00	1.25	61.75
3/4	31.50	0.65	30.85	3/4	63.90	1.25	62.65

18	64.80	1.30	63.50	**27**	97.20	1.95	95.25
1/4	65.70	1.30	64.40	1/4	98.10	1.95	96.15
1/2	66.60	1.30	65.30	1/2	99.00	2 00	97.00
3/4	67.50	1.35	66.15	3/4	99.90	2.00	97.90
19	68.40	1.35	67.05	**28**	100.80	2.00	98.80
1/4	69.30	1.40	67.90	1/4	101.70	2.05	99.65
1/2	70.20	1.40	68.80	1/2	102.60	2.05	100.55
3/4	71.10	1.40	69.70	3/4	103.50	2.05	101.45
20	72.00	1.45	70.55	**29**	104.40	2.10	102.30
1/4	72.90	1.45	71.45	1/4	105.30	2.10	103.20
1/2	73.80	1.45	72.35	1/2	106.20	2.10	104.10
3/4	74.70	1.50	73.20	3/4	107.10	2.15	104.95
21	75.60	1.50	74.10	**30**	108.00	2.15	105.85
1/4	76.50	1.50	75.00	1/4	108.90	2.15	106.75
1/2	77.40	1.55	75.85	1/2	109.80	2.20	107.60
3/4	78.30	1.55	76.75	3/4	110.70	2.20	108.50
22	79.20	1.60	77.60	**31**	111.60	2.20	109.40
1/4	80.10	1.60	78.50	1/4	112.50	2.25	110.25
1/2	81.00	1.60	79.40	1/2	113.40	2.25	111.15
3/4	81.90	1.60	80.30	3/4	114.30	2.30	112.00
23	82.80	1.65	81.15	**32**	115.20	2.30	112.90
1/4	83.70	1.65	82.05	1/4	116.10	2.30	113 80
1/2	84.60	1.70	82.90	1/2	117.00	2.35	114.65
3/4	85.50	1.70	83.80	3/4	117.90	2.35	115.55
24	86.40	1.70	84.70	**33**	118.80	2.35	116 45
1/4	87.30	1.75	85.55	1/4	119.70	2.40	117.30
1/2	88.20	1.75	86.45	1/2	120.60	2.40	118.20
3/4	89.10	1.80	87.30	3/4	121.50	2.40	119.10
25	90.00	1.80	88.20	**34**	122.40	2.45	119.95
1/4	90.90	1.80	89.10	1/4	123.30	2.45	120.85
1/2	91.80	1.80	90.00	1/2	124.20	2.50	121.70
3/4	92.70	1.85	90.85	3/4	125.10	2.50	122.60
26	93.60	1.85	91.75	**35**	126.00	2.50	123.50
1/4	94.50	1.90	92.60	1/4	126.90	2.50	124.40
1/2	95.40	1.90	93.50	1/2	127.80	2.55	125.25
3/4	96.30	1.90	94.40	3/4	128.70	2.55	126.15

0				**9**	33.75	0.65	33.10
1/4	0.95	»	0.95	1/4	34.70	0.70	34.00
1/2	1.85	»	1.85	1/2	35.60	0.70	34.90
3/4	2.80	0.05	2.75	3/4	36.55	0.70	35.85
1	3.75	0.05	3.70	**10**	37.50	0.75	36.75
1/4	4.70	0.10	4.60	1/4	38.45	0.75	37.70
1/2	5.60	0.10	5.50	1/2	39.35	0.80	38.55
3/4	6.55	0.10	6.45	3/4	40.30	0.80	39.50
2	7.50	0.15	7.35	**11**	41.25	0.80	40.45
1/4	8.45	0.15	8.30	1/4	42.20	0.85	41.35
1/2	9.35	0.20	9.15	1/2	43.10	0.85	42.25
3/4	10.30	0.20	10.10	3/4	44.05	0.90	43.15
3	11.25	0.25	11.00	**12**	45.00	0.90	44.10
1/4	12.20	0.25	11.95	1/4	45.95	0.90	45.05
1/2	13.10	0.25	12.85	1/2	46.85	0.95	45.90
3/4	14.05	1.30	13.75	3/4	47.80	0.95	46.85
4	15.00	0.30	14.70	**13**	48.75	0.95	47.80
1/4	15.95	0.30	15.65	1/4	49.70	1.00	48.70
1/2	16.85	0.30	16.55	1/2	50.60	1.00	49.60
3/4	17.80	0.35	17.45	3/4	51.55	1.00	50.55
5	18.75	0.35	18.40	**14**	52.50	1.05	51.45
1/4	19.70	0.40	19.30	1/4	53.45	1.05	52.40
1/2	20.60	0.40	20.20	1/2	54.35	1.10	53.25
3/4	21.55	0.40	21.15	3/4	55.30	1.10	54.20
6	22.50	0.45	22.05	**15**	56.25	1.10	55.15
1/4	23.45	0.45	23.00	1/4	57.20	1.15	56.05
1/2	24 35	0.50	23.85	1/2	58.10	1.15	56.95
3/4	25.30	0.50	24.80	3/4	59.05	1.20	57.85
7	26.25	0.50	25.75	**16**	60.00	1.20	58.80
1/4	27.20	0.55	26.65	1/4	60.95	1.20	59.75
1/2	28.10	0.55	27.55	1/2	61.85	1.25	60.60
3/4	29.05	0.60	28.45	3/4	62.80	1.25	61.55
8	30.00	0.60	29.40	**17**	63.75	1.25	62.50
1/4	30.95	0.60	30.35	1/4	64.70	1.30	63.40
1/2	31.85	0.65	31.20	1/2	65.60	1.30	64.30
3/4	32.80	0.65	32.15	3/4	66.55	1.30	65.25

18	67.50	1.35	66.15	**27**	101.25	2.05	99.20
1/4	68.45	1.35	67.10	1/4	102.20	2.05	100.15
1/2	69.35	1.40	67.95	1/2	103.10	2.10	101.00
3/4	70.30	1.40	68.90	3/4	104.05	2.10	101.95
19	71.25	1.40	69.85	**28**	105.00	2.10	102.90
1/4	72.20	1.45	70.75	1/4	105.95	2.10	103.85
1/2	73.10	1.45	71.65	1/2	106.85	2.15	104.70
3/4	74.05	1.50	72.55	3/4	107.80	2.15	105.65
20	75.00	1.50	73.50	**29**	108.75	2.20	106.55
1/4	75.95	1.50	74.45	1/4	109.70	2.20	107.50
1/2	76.85	1.55	75.30	1/2	110.60	2.20	108.40
3/4	77.80	1.55	76.25	3/4	111.55	2.25	109.30
21	78.75	1.55	77.20	**30**	112.50	2.25	110.25
1/4	79.70	1.60	78.10	1/4	113.45	2.25	111.20
1/2	80.60	1.60	79.00	1/2	114.35	2.30	112.05
3/4	81.55	1.60	79.95	3/4	115.30	2.30	113.00
22	82.50	1.65	80.85	**31**	116.25	2.35	113.90
1/4	83.45	1.65	81.80	1/4	117.20	2.35	114.85
1/2	84.35	1.70	82.65	1/2	118.20	2.40	115.80
3/4	85.30	1.70	83.60	3/4	119.05	2.40	116.65
23	86.25	1.75	84.50	**32**	120.00	2.40	117.60
1/4	87.20	1.75	85.45	1/4	120.95	2.40	118.55
1/2	88.10	1.75	86.35	1/2	121.85	2.45	119.40
3/4	89.05	1.80	87.25	3/4	122.80	2.45	120.35
24	90.00	1.80	88.20	**33**	123.75	2.50	121.25
1/4	90.95	1.80	89.15	1/4	124.70	2.50	122.20
1/2	91.85	1.85	90.00	1/2	125.60	2.50	123.10
3/4	92.80	1.85	90.95	3/4	126.55	2.55	124.00
25	93.75	1.90	91.85	**34**	127.50	2.55	124.95
1/4	94.70	1.90	92.80	1/4	128.45	2.55	125.90
1/2	95.60	1.90	93.70	1/2	129.35	2.60	126.75
3/4	96.55	1.95	94.60	3/4	130.30	2.60	127.70
26	97.50	1.95	95.55	**35**	131.25	2.65	128.60
1/4	98.45	1.95	96.50	1/4	132.20	2.65	129.55
1/2	99.35	2.00	97.35	1/2	133.10	2.65	130.45
3/4	100.30	2.00	98.30	3/4	134.05	2.70	131.35

0				**9**	34.20	0.70	33.5
1/4	0.95	»	0.95	1/4	35.15	0.70	34.4
1/2	1.90	»	1.90	1/2	36.10	0.70	35.4
3/4	2.85	0.05	2.80	3/4	37.05	0.75	36.3
1	3.80	0.05	3.75	**10**	38.00	0.75	37.2
1/4	4.75	0.10	4.65	1/4	38.95	0.80	38.
1/2	5.70	0.10	5.60	1/2	39.90	0.80	39.
3/4	6.65	0.10	6.55	3/4	40.85	0.80	40.
2	7.60	0.15	7.45	**11**	41.80	0.85	40.
1/4	8.55	0.15	8.40	1/4	42.75	0.85	41
1/2	9.50	0.20	9.30	1/2	43.70	0.85	42.
3/4	10.45	0.20	10.25	3/4	44.65	0.90	43.
3	11.40	0.20	11.20	**12**	45.60	0.90	44.
1/4	12.35	0.25	12.10	1/4	46.55	0.95	45.
1/2	13.30	0.25	13.05	1/2	47.50	0.95	46.
3/4	14.25	0.30	13.95	3/4	48.45	0.95	47.
4	15.20	0.30	14.90	**13**	49.40	1.00	48.
1/4	16.15	0.30	15.85	1/4	50.35	1.00	49.
1/2	17.10	0.35	16.75	1/2	51.30	1.00	50
3/4	18.05	0.35	17.70	3/4	52.25	1.05	51.
5	19.00	0.40	18.60	**14**	53.20	1.05	52
1/4	19.95	0.40	19.55	1/4	54.15	1.10	53
1/2	20.90	0.40	20.50	1/2	55.10	1.10	54
3/4	21.85	0.45	21.40	3/4	56.05	1.10	54
6	22.80	0.45	22.35	**15**	57.00	1.15	55
1/4	23.75	0.50	23.25	1/4	57.95	1.15	56
1/2	24.70	0.50	24.20	1/2	58.90	1.20	57
3/4	25.65	0.50	25.15	3/4	59.85	1.20	58
7	26.60	0.55	26.05	**16**	60.80	1.20	59
1/4	27.55	0.55	27.00	1/4	61.75	1.25	60
1/2	28.50	0.55	27.95	1/2	62.70	1.25	6
3/4	29.45	0.60	28.85	3/4	63.65	1.25	6
8	30.40	0.60	29.80	**17**	64.60	1.30	6
1/4	31.35	0.60	30.75	1/4	65.55	1.30	6
1/2	32.30	0.65	31.65	1/2	66.50	1.30	6
3/4	33.25	0.65	32.60	3/4	67.45	1.35	6

3 F. 80 c.

18	68.40	1.35	67.05
1/4	69.35	1.40	67.95
1/2	70.30	1.40	68.90
3/4	71.25	1.40	69.85
19	72.20	1.45	70.75
1/4	73.15	1.45	71.70
1/2	74.10	1.50	72.60
3/4	75.05	1.50	73.55
20	76.00	1.50	74.50
1/4	76.95	1.55	75.45
1/2	77.90	1.55	76.35
3/4	78.85	1.55	77.30
21	79.80	1.60	78.20
1/4	80.75	1.60	79.15
1/2	81.70	1.60	80.10
3/4	82.65	1.65	81.00
22	83.60	1.65	81.95
1/4	84.55	1.70	82.85
1/2	85.50	1.70	83.80
3/4	86.45	1.70	84.75
23	87.40	1.75	85.65
1/4	88.35	1.75	86.60
1/2	89.30	1.80	87.55
3/4	90.25	1.80	88.45
24	91.20	1.80	89.40
1/4	92.15	1.85	90.30
1/2	93.10	1.85	91.25
3/4	94.05	1.90	92.15
25	95.00	1.90	93.10
1/4	95.95	1.90	94.05
1/2	96.90	1.95	94.95
3/4	97.85	1.95	95.90
26	98.80	2.00	96.80
1/4	99.75	2.00	97.75
1/2	100.70	2.00	98.70
3/4	101.65	2.00	99.65
27	102.60	2.05	100.55
1/4	103.55	2.05	101.50
1/2	104.50	2.10	102.40
3/4	105.45	2.10	103.35
28	106.40	2.15	104.25
1/4	107.35	2.15	105.20
1/2	108.30	2.15	106.15
3/4	109.25	2.20	107.05
29	110.20	2.20	108.00
1/4	111.15	2.20	108.95
1/2	112.10	2.25	109.85
3/4	113.05	2.25	110.80
30	114.00	2.30	111.70
1/4	114.95	2.30	112.65
1/2	115.90	2.30	113.60
3/4	116.85	2.35	114.55
31	117.80	2.35	115.45
1/4	118.75	2.35	116.40
1/2	119.70	2.40	117.30
3/4	120.65	2.40	118.25
32	121.60	2.45	119.15
1/4	122.55	2.45	120.10
1/2	123.50	2.45	121.05
3/4	124.45	2.50	121.95
33	125.40	2.50	122.90
1/4	126.35	2.55	123.80
1/2	127.30	2.55	124.75
3/4	128.25	2.55	125.70
34	129.20	2.60	126.60
1/4	130.15	2.60	127.55
1/2	131.10	2.60	128.50
3/4	132.05	2.65	129.40
35	133.00	2.65	130.35
1/4	133.95	2.70	131.25
1/2	134.90	2.70	132.60
3/4	135.85	2.70	133.15

4 F. 00 C.

0			
1/4	1.00	»	1.00
1/2	2.00	0.05	1.95
3/4	3.00	0.05	2.95
1	4.00	0.10	3.90
1/4	5.00	0.10	4.90
1/2	6.00	0.10	5.90
3/4	7.00	0.15	6.85
2	8.00	0.15	7.85
1/4	9 00	0.20	8.80
1/2	10.00	0.20	9.80
3/4	11.00	0.20	10.80
3	12.00	0.25	11.75
1/4	13.00	0.25	12.75
1/2	14.00	0.30	13.70
3/4	15.00	0.30	14.70
4	16.00	0.30	15.70
1/4	17.00	0.35	16.65
1/2	18.00	0.35	17.65
3/4	19.00	0.40	18.60
5	20.00	0.40	19.60
1/4	21.00	0.40	20.60
1/2	22.00	0.45	21.55
3/4	23.00	0.45	22.55
6	24.00	0.50	23.50
1/4	25.00	0.50	24.50
1/2	26 00	0.50	25.50
3/4	27.00	0.55	26.45
7	28.00	0.55	27.45
1/4	29.00	0.60	28.40
1/2	30.00	0.60	29.40
3/4	31.00	0.60	30.40
8	32.00	0.65	31.35
1/4	33.00	0.65	32.35
1/2	34.00	0.70	33.30
3/4	35.00	0.70	34.30

9	36.00	0.70	35.3[illegible]
1/4	37.00	0.75	36.2[illegible]
1/2	38.00	0.75	37.2[illegible]
3/4	39.00	0.80	38.2[illegible]
10	40.00	0.80	39.2[illegible]
1/4	41.00	0.80	40.2[illegible]
1/2	42.00	0.85	41.[illegible]
3/4	43.00	0.85	42.[illegible]
11	44.00	0.90	43.[illegible]
1/4	45.00	0.90	44.[illegible]
1/2	46.00	0.90	45.[illegible]
3/4	47.00	0.95	46.[illegible]
12	48.00	0.95	47.[illegible]
1/4	49.00	1.00	48.[illegible]
1/2	50.00	1.00	49.[illegible]
3/4	51.00	1.00	50.[illegible]
13	52.00	1.05	50.[illegible]
1/4	53.00	1.05	51.[illegible]
1/2	54.00	1.10	52.[illegible]
3/4	55.00	1.10	53.[illegible]
14	56.00	1.10	54.[illegible]
1/4	57.00	1.15	55.[illegible]
1/2	58.00	1.15	56.[illegible]
3/4	59.00	1.20	57.[illegible]
15	60.00	1.20	58.[illegible]
1/4	61.00	1.20	59.[illegible]
1/2	62.00	1.25	60.[illegible]
3/4	63.00	1.25	61.[illegible]
16	64.00	1.30	62.[illegible]
1/4	65.00	1.30	63.[illegible]
1/2	66.00	1.30	64.[illegible]
3/4	67.00	1.35	65.[illegible]
17	68.00	1.35	66.[illegible]
1/4	69.00	1.40	67.[illegible]
1/2	70.00	1.40	68.[illegible]
3/4	71.00	1.40	69.[illegible]

18	72.00	1.45	70.55	**27**	108.00	2.15	105.85
1/4	73.00	1.45	71.55	1/4	109.00	2.20	106.80
1/2	74.00	1.50	72.50	1/2	110.00	2.20	107.80
3/4	75.00	1.50	73.50	3/4	111.00	2.20	108.80
19	76.00	1.50	74.50	**28**	112.00	2.25	109.75
1/4	77.00	1.55	75.45	1/4	113.00	2.25	110.75
1/2	78.00	1.55	76.45	1/2	114.00	2.30	111.70
3/4	79.00	1.60	77.40	3/4	115.00	2.30	112.70
20	80.00	1.60	78.40	**29**	116.00	2.30	113.70
1/4	81.00	1.60	79.40	1/4	117.00	2.35	114.65
1/2	82.00	1.65	80.35	1/2	118.00	2.35	115.65
3/4	83.00	1.65	81.35	3/4	119.00	2.40	116.60
21	84.00	1.70	82.30	**30**	120.00	2.40	117.60
1/4	85.00	1.70	83.30	1/4	121.00	2.40	118.60
1/2	86.00	1.70	84.30	1/2	122.00	2.45	119.55
3/4	87.00	1.75	85.25	3/4	123.00	2.45	120.55
22	88.00	1.75	86.25	**31**	124.00	2.50	121.50
1/4	89.00	1.80	87.20	1/4	125.00	2.50	122.50
1/2	90.00	1.80	88.20	1/2	126.00	2.50	123.50
3/4	91.00	1.80	89.20	3/4	127.00	2.55	124.45
23	92.00	1.85	90.15	**32**	128.00	2.55	125.45
1/4	93.00	1.85	91.15	1/4	129.00	2.60	126.40
1/2	94.00	1.90	92.10	1/2	130.00	2.60	127.40
3/4	95.00	1.90	93.10	3/4	131.00	2.60	128.40
24	96.00	1.90	94.10	**33**	132.00	2.65	129.35
1/4	97.00	1.95	95.05	1/4	133.00	2.65	130.35
1/2	98.00	1.95	96.05	1/2	134.00	2.70	131.30
3/4	99.00	2.00	97.00	3/4	135.00	2.70	132.30
25	100.00	2.00	98.00	**34**	136.00	2.70	133.30
1/4	101.00	2.00	99.00	1/4	137.00	2.75	134.25
1/2	102.00	2.05	99.95	1/2	138.00	2.75	135.25
3/4	103.00	2.05	100.95	3/4	139.00	2.80	136.20
26	104.00	2.10	101.90	**35**	140.00	2.80	137.20
1/4	105.00	2.10	102.90	1/4	141.00	2.80	138.20
1/2	106.00	2.10	103.90	1/2	142.00	2.85	139.15
3/4	107.00	2.15	104.85	3/4	143.00	2.85	140.15

4 F. 25 C.

0				9	38.25	0.75	37.5
1/4	1.05	»	1.05	1/4	39.30	0.80	38.5
1/2	2.10	0.05	2.05	1/2	40.35	0.80	39.5
3/4	3.15	0.05	3.10	3/4	41.40	0.85	40.5
1	4.25	0.10	4.15	10	42.50	0.85	41.
1/4	5.30	0.10	5.20	1/4	43.55	0.85	42.
1/2	6.35	0.10	6.25	1/2	44.60	0.90	43.
3/4	7.40	0.15	7.25	3/4	45.65	0.90	44.
2	8.50	0.15	8.35	11	46.75	0.95	45.
1/4	9.55	0.20	9.35	1/4	47.80	0.95	46
1/2	10.60	0.20	10.40	1/2	48.85	1.00	47.
3/4	11.65	0.20	11.45	3/4	49.90	1.00	48.
3	12.75	0.25	12.50	12	51.00	1.00	50.
1/4	13.80	0.25	13.55	1/4	52 05	1.05	51.
1/2	14.85	0.30	14.55	1/2	53.10	1.05	52.
3/4	15.90	0.30	15.60	3/4	54.15	1.10	53.
4	17.00	0.35	16.65	13	55.25	1.10	54.
1/4	18.05	0.35	17.70	1/4	56.30	1.10	55.
1/2	19.10	0.40	18.70	1/2	57.35	1.15	56.
3/4	20.15	0.40	19.75	3/4	58.40	1.15	57.
5	21.25	0.45	20.80	14	59.50	1.20	58.
1/4	22.30	0.45	21.85	1/4	60.55	1.20	59.
1/2	23.35	0.45	22.90	1/2	61.60	1.20	60.
3/4	24,40	0.50	23.90	3/4	62.65	1.25	61.
6	25.50	0.50	25.00	15	63.75	1.30	62.
1/4	26.55	0.50	26.05	1/4	64.80	1.30	63.
1/2	27.60	0.55	27.05	1/2	65.85	1.30	64.
3/4	28.65	0.55	28.10	3/4	66.90	1.35	65.
7	29.75	0.60	29.15	16	68.00	1.35	66.
1/4	30.80	0.60	30.20	1/4	69.05	1.40	67.
1/2	31.85	0.60	31.25	1/2	70.10	1.40	68.
3/4	32.90	0.65	32.25	3/4	71.15	1.40	69.
8	34.00	0.70	33.30	17	72.25	1.45	70.
1/4	35.05	0.70	34.35	1/4	73.30	1.45	71.
1/2	36.10	0.70	35.40	1/2	74.35	1.50	72.
3/4	37.15	0.75	36.40	3/4	75.40	1 50	73.

18	76.50	1.55	74.95
1/4	77.55	1.55	76.00
1/2	78.60	1.55	77.05
3/4	79.65	1.60	78.05
19	80.75	1.60	79.15
1/4	81.80	1.60	80.20
1/2	82.85	1.65	81.20
3/4	83.90	1.65	82.25
20	85.00	1.70	83.30
1/4	86.05	1.70	84.35
1/2	87.10	1.75	85.35
3/4	88.15	1.75	86.40
21	89.25	1.80	87.45
1/4	90.30	1.80	88.50
1/2	91.35	1.85	89.50
3/4	92.40	1.85	90.55
22	93.50	1.85	91.65
1/4	94.55	1.90	92.65
1/2	95.60	1.90	93.70
3/4	96.65	1.90	94.75
23	97.75	1.95	95.80
1/4	98.80	1.95	96.85
1/2	99.85	2.00	97.85
3/4	100.90	2.00	98.90
24	102.00	2.05	99.95
1/4	103.05	2.05	101.00
1/2	104.10	2.10	102.00
3/4	105.15	2.10	103.05
25	106.25	2.10	104.15
1/4	107.30	2.15	105.15
1/2	108.35	2.15	106.20
3/4	109.40	2.20	107.20
26	110.50	2.20	108.30
1/4	111.55	2.20	109.35
1/2	112.60	2.25	110.35
3/4	113.65	2.25	111.40
27	114.75	2.30	112.45
1/4	115.80	2.30	113.50
1/2	116.85	2.35	114.50
3/4	117.90	2.35	115.55
28	119.00	2.40	116.60
1/4	120.05	2.40	117.65
1/2	121.10	2.40	118.70
3/4	122.15	2.45	119.70
29	123.25	2.45	120.80
1/4	124.30	2.50	121.80
1/2	125.35	2.50	122.85
3/4	126.40	2.55	123.85
30	127.50	2.55	124.95
1/4	128.55	2.55	126.00
1/2	129.60	2.60	127.00
3/4	130.65	2.60	128.05
31	131.75	2.60	129.15
1/4	132.80	2.65	130.15
1/2	133.85	2.65	131.20
3/4	134.90	2.70	132.20
32	136.00	2.70	133.30
1/4	137.05	2.75	134.30
1/2	138.10	2.75	135.35
3/4	139.15	2.80	136.35
33	140.25	2.80	137 45
1/4	141.30	2.80	138.50
1/2	142.35	2.85	139.50
3/4	143.40	2.85	140.55
34	144.50	2.90	141.60
1/4	145.55	2.90	142.65
1/2	146.60	2.90	143.70
3/4	147.65	2.95	144.70
35	148.75	2.95	145.80
1/4	149.80	3.00	146.80
1/2	150.85	3.00	147.85
3/4	151.90	3.05	148.85

0			
1/4	1.10	»	1.10
1/2	2.25	0.05	2.20
3/4	3.35	0.05	3.30
1	4.50	0.10	4.40
1/4	5.60	0.10	5.50
1/2	6.75	0.15	6.60
3/4	7.85	0.15	7.70
2	9.00	0.20	8.80
1/4	10.10	0.20	9.90
1/2	11.25	0.25	11.00
3/4	12.35	0.25	12.10
3	13.50	0.25	13.25
1/4	14.60	0.30	14.30
1/2	15.75	0.30	15.45
3/4	16.85	0.35	16.50
4	18.00	0.35	17.65
1/4	19.10	0.40	18.70
1/2	20.25	0.40	19.85
3/4	21.35	0.45	20.90
5	22.50	0.45	22.05
1/4	23.60	0.45	23.15
1/2	24.75	0.50	24.25
3/4	25.85	0.50	25.35
6	27.00	0.55	26.45
1/4	28.10	0.55	27.55
1/2	29.25	0.60	28.65
3/4	30.35	0.60	29.75
7	31.50	0.60	30.90
1/4	32.60	0.65	31.95
1/2	33.75	0.65	33.10
3/4	34.85	0.70	34.15
8	36.00	0.70	35.30
1/4	37.10	0.75	36.35
1/2	38.25	0.75	37.50
3/4	39.35	0.80	38.55

9	40.50	0.80	39.
1/4	41.60	0.80	40.
1/2	42.75	0.85	41.
3/4	43.85	0.90	42.
10	45.00	0.90	44.
1/4	46.10	0.90	45.
1/2	47.25	0.95	46.
3/4	48.35	0.95	47.
11	49.50	1.00	48.
1/4	50.60	1.00	49.
1/2	51.75	1.00	50.
3/4	52.85	1.05	51.
12	54.00	1.10	52.
1/4	55.10	1.10	54.
1/2	56.25	1.10	55.
3/4	57.35	1.15	56.
13	58.50	1.15	57.
1/4	59.60	1.20	58.
1/2	60.75	1.20	59.
3/4	61.85	1.25	60.
14	63.00	1.25	61.
1/4	64.10	1.30	62.
1/2	65.25	1.30	63.
3/4	66.35	1.35	65.
15	67.50	1.35	66.
1/4	68.60	1.35	67.
1/2	69.75	1.40	68.
3/4	70.85	1.40	69.
16	72.00	1.45	70.5
1/4	73.10	1.45	71.6
1/2	74.25	1.50	72.7
3/4	75.35	1.50	73.8
17	76.50	1.55	74.9
1/4	77.60	1.55	76.0
1/2	78.75	1.60	77.1
3/4	79.85	1.60	78.2

18	81.00	1.60	79.40
1/4	82.10	1.65	80.45
1/2	83.25	1.65	81.60
3/4	84.35	1.70	82.65
19	85.50	1.70	83.80
1/4	86.60	1.70	84.90
1/2	87.75	1.75	85.95
3/4	88.85	1.75	87.10
20	90.00	1.80	88.20
1/4	91.10	1.80	89.30
1/2	92.25	1.85	90.40
3/4	93.35	1.85	91.50
21	94.50	1.90	92.60
1/4	95.60	1.90	93.70
1/2	96.75	1.95	94.80
3/4	97.85	1.95	95.90
22	99.00	2.00	97.00
1/4	100.10	2.00	98.10
1/2	101.25	2.05	99.20
3/4	102.35	2.05	100.30
23	103.50	2.05	101.45
1/4	104.60	2.10	102.50
1/2	105.75	2.10	103.65
3/4	106.85	2.10	104.75
24	108.00	2.15	105.85
1/4	109.10	2.20	106.90
1/2	110.25	2.20	108.05
3/4	111.35	2.25	109.10
25	112.50	2.25	110.25
1/4	113.60	2.25	111.35
1/2	114.75	2.30	112.45
3/4	115.85	2.30	113.55
26	117.00	2.35	114.65
1/4	118.10	2.35	115.75
1/2	119.25	2.40	116.85
3/4	120.35	2.40	117.95
27	121.50	2.40	119.10
1/4	122.60	2.45	120.15
1/2	123.75	2.50	121.25
3/4	124.85	2.50	122.35
28	126.00	2.50	123.50
1/4	127.10	2.55	124.55
1/2	128.25	2.55	125.70
3/4	129.35	2.60	126.75
29	130.50	2.60	127.90
1/4	131.60	2.65	128.95
1/2	132.75	2.65	130.10
3/4	133.85	2.70	131.15
30	135.00	2.70	132.30
1/4	136.10	2.70	133.40
1/2	137.25	2.75	134.50
3/4	138.35	2.75	135.60
31	139.50	2.80	136.70
1/4	140.60	2.80	137.80
1/2	141.75	2.85	138.90
3/4	142.85	2.85	140.00
32	144.00	2.90	141.10
1/4	145.10	2.90	142.20
1/2	146.25	2.95	143.30
3/4	147.35	2.95	144.40
33	148.50	3.00	145.50
1/4	149.60	3.00	146.60
1/2	150.75	3.00	147.75
3/4	151.85	3.05	148.80
34	153.00	3.05	149.95
1/4	154.10	3.10	151.00
1/2	155.25	3.10	152.15
3/4	156.35	3.15	153.20
35	157.50	3.15	154.35
1/4	158.60	3.15	155.45
1/2	159.75	3.20	156.55
3/4	160.85	3.20	157.65

4 F. 75 C.

0				**9**	42.75	0.85	41.90
1/4	1.20	»	1.20	1/4	43.95	0.90	43.05
1/2	2.35	0.05	2.30	1/2	45.10	0.90	44.20
3/4	3.55	0.05	3.50	3/4	46.30	0.95	45.35
1	4.75	0.10	4.65	**10**	47.50	0.95	46.55
1/4	5.95	0.10	5.85	1/4	48.70	0.95	47.75
1/2	7.10	0.15	6.95	1/2	49.85	1.00	48.85
3/4	8.30	0.15	8.15	3/4	51.05	1.00	50.05
2	9.50	0.20	9.30	**11**	52.25	1.05	51.20
1/4	10.70	0.20	10.50	1/4	53.45	1.05	52 40
1/2	11.85	0.25	11.60	1/2	54.60	1.10	53.50
3/4	13.05	0.25	12.80	3/4	55.80	1.10	54.70
3	14.25	0.30	13.95	**12**	57.00	1.15	55.85
1/4	15.45	0.30	15.15	1/4	58.20	1.15	57.05
1/2	16.60	0.35	16.25	1/2	59.35	1.20	58.15
3/4	17.80	0.35	17.45	3/4	60.55	1.20	59.35
4	19.00	0.40	18.60	**13**	61.75	1.25	60.50
1/4	20.20	0.40	19.80	1/4	62.95	1.25	61.70
1/2	21.35	0.45	20.90	1/2	64.10	1.30	62.80
3/4	22.55	0.45	22.10	3/4	65.30	1.30	64.00
5	23.75	0.50	23.25	**14**	66 50	1.35	65.15
1/4	24.95	0.50	24.45	1/4	67.70	1.35	66.30
1/2	26.10	0.50	25.60	1/2	68.85	1.40	67.45
3/4	27.30	0.55	26.75	3/4	70.05	1.40	68.65
6	28 50	0.55	27.95	**15**	71.25	1.40	69.85
1/4	29.70	0.60	29.10	1/4	72.45	1.45	71.00
1/2	30.85	0.60	30.25	1/2	73.60	1.45	72.15
3/4	32.05	0.65	31.40	3/4	74.80	1.50	73.30
7	33.25	0.65	32 60	**16**	76.00	1.50	74.50
1/4	34.45	0.70	33.75	1/4	77.20	1.55	75.65
1/2	35.60	0.70	34.90	1/2	78.35	1.55	76.80
3/4	36.80	0.75	36.05	3/4	79.55	1.60	77.95
8	38.00	0.75	37.25	**17**	80.75	1.60	79.15
1/4	39.20	0.80	38.40	1/4	81.95	1.65	80.30
1/2	40.35	0.80	39.55	1/2	83.10	1.65	81.45
3/4	41.55	0.85	40.70	3/4	84.30	1.70	82.60

18	85.50	1.70	83.80	**27**	128.25	2.55	125.70
1/4	86.70	1.75	84.95	1/4	129.45	2.60	126.85
1/2	87.85	1.75	86.10	1/2	130.60	2.60	128.00
3/4	89.05	1.80	87.25	3/4	131.80	2.65	129.15
19	90.25	1.80	88.45	**28**	133.00	2.65	130.35
1/4	91.45	1.85	89.60	1/4	134.20	2.70	131.50
1/2	92.60	1.85	90.75	1/2	135.35	2.70	132.65
3/4	93.80	1.90	91.90	3/4	136.55	2.75	133.80
20	95.00	1.90	93.10	**29**	137.75	2.75	135.00
1/4	96.20	1.90	94.30	1/4	138.95	2.80	136.15
1/2	97.35	1.95	95.40	1/2	140.10	2.80	137.30
3/4	98.55	1.95	96.60	3/4	141.30	2.80	138.50
21	99.75	2.00	97.75	**30**	142.50	2.85	139.65
1/4	100.90	2.00	98.90	1/4	143.70	2.85	140.85
1/2	102.10	2.05	100.05	1/2	144.85	2.90	141.95
3/4	103.30	2.05	101.25	3/4	146.05	2.90	143.15
22	104.50	2.10	102.40	**31**	147.25	2.95	144.30
1/4	105.70	2.10	103.60	1/4	148.45	2.95	145.50
1/2	106.85	2.15	104.70	1/2	149.60	3.00	146.60
3/4	108.05	2.15	105.90	3/4	150.80	3.00	147.80
23	109.25	2.20	107.05	**32**	152.00	3.05	148.95
1/4	110.45	2.20	108.25	1/4	153.20	3.05	150.15
1/2	111.60	2.25	109.35	1/2	154.35	3.05	151.30
3/4	112.80	2.25	110.55	3/4	155.55	3.10	152.45
24	114.00	2.30	111.70	**33**	156.75	3.10	153.65
1/4	115.20	2.30	112.90	1/4	157.90	3.15	154.75
1/2	116.35	2.30	114.05	1/2	159.10	3.20	155.90
3/4	117.55	2.35	115.20	3/4	160.30	3.20	157.10
25	118.75	2.35	116.40	**34**	161.50	3.20	158.30
1/4	119.95	2.40	117.55	1/4	162.70	3.25	159.45
1/2	121.10	2.40	118.70	1/2	163.85	3.25	160.60
3/4	122.30	2.45	119.85	3/4	165.05	3.30	161.75
26	123.50	2.45	121.05	**35**	166.25	3.30	162.95
1/4	124.70	2.50	122.20	1/4	167.45	3.35	164.10
1/2	125.85	2.50	123.35	1/2	168.60	3.35	165.25
3/4	127.05	2.55	124.50	3/4	169.80	3.40	166.40

0				**9**	45.00	0.90	44.10
1/4	1.25	»	1.25	1/4	46.25	0.90	45.35
1/2	2.50	0.05	2.45	1/2	47.50	0.95	46.55
3/4	3.75	0.05	3.70	3/4	48.75	0.95	47.80
1	5.00	0.10	4.90	**10**	50.00	1.00	49.00
1/4	6.25	0.10	6.15	1/4	51.25	1.00	50.25
1/2	7.50	0.15	7.35	1/2	52.50	1.05	51.45
3/4	8.75	0.15	8.60	3/4	53.75	1.05	52.70
2	10.00	0.20	9.80	**11**	55.00	1.10	53.90
1/4	11.25	0.20	11.05	1/4	56.25	1.10	55.15
1/2	12.50	0.25	12.25	1/2	57.50	1.15	56.35
3/4	13.75	0.25	13.50	3/4	58.75	1.15	57.60
3	15.00	0.30	14.70	**12**	60.00	1.20	58.80
1/4	16.25	0.30	15.95	1/4	61.25	1.20	60.05
1/2	17.50	0.35	17.15	1/2	62.50	1.25	61.25
3/4	18.75	0.35	18.40	3/4	63.75	1.25	62.50
4	20.00	0.40	19.60	**13**	65.00	1.30	63.70
1/4	21.25	0.40	20.85	1/4	66.25	1.30	64.95
1/2	22.50	0.45	22.05	1/2	67.50	1.35	66.15
3/4	23.75	0.45	23.30	3/4	68.75	1.35	67.40
5	25.00	0.50	24.50	**14**	70.00	1.40	68.60
1/4	26.25	0.50	25.75	1/4	71.25	1.40	69.85
1/2	27.50	0.55	26.95	1/2	72.50	1.45	71.05
3/4	28.75	0.55	28.20	3/4	73.75	1.45	72.30
6	30.00	0.60	29.40	**15**	75.00	1.50	73.50
1/4	31.25	0.60	30.65	1/4	76.25	1.50	74.75
1/2	32 50	0.65	31.85	1/2	77.50	1.55	75.95
3/4	33.75	0.65	33.10	3/4	78.75	1.55	77.20
7	35.00	0.70	34.30	**16**	80.00	1.60	78.40
1/4	36.25	0.70	35.55	1/4	81.25	1.60	79.65
1/2	37.50	0.75	36.75	1/2	82.50	1.65	80.85
3/4	38.75	0.75	38.00	3/4	83.75	1.65	82.10
8	40.00	0.80	39.20	**17**	85.00	1.70	83.30
1/4	41.25	0.80	40.45	1/4	86.25	1.70	84.55
1/2	42.50	0.85	41.65	1/2	87.50	1.75	85.75
3/4	43.75	0.85	42.90	3/4	88.75	1.75	87.00

18	90.00	1.80	88.20	**27**	135.00	2.70	132.30
1/4	91.25	1.85	89.40	1/4	136.25	2.75	133.55
1/2	92.50	1.85	90.65	1/2	137.50	2.75	134.75
3/4	93.75	1.90	91.85	3/4	138.75	2.80	135.95
19	95.00	1.90	93.10	**28**	140.00	2.80	137.20
1/4	96.25	1.95	94.30	1/4	141.25	2.85	138.45
1/2	97.50	1.95	95.55	1/2	142.50	2.85	139.65
3/4	98.75	2.00	96.75	3/4	143.75	2.90	140.85
20	100.00	2.00	98.00	**29**	145.00	2.90	142.10
1/4	101.25	2.05	99.25	1/4	146.25	2.95	143.30
1/2	102.50	2.05	100.45	1/2	147.50	2.95	144.55
3/4	103.75	2.10	101.65	3/4	148.75	3.00	145.75
21	105.00	2.10	102.90	**30**	150.00	3.00	147.00
1/4	106.25	2.15	104.15	1/4	151.25	3.05	148.20
1/2	107.50	2.15	105.35	1/2	152.50	3.05	149.45
3/4	108.75	2.20	106.55	3/4	153.75	3.10	150.65
22	110.00	2.20	107.80	**31**	155.00	3.10	151.90
1/4	111.25	2.25	109.05	1/4	156.25	3.15	153.15
1/2	112.50	2.25	110.25	1/2	157.50	3.15	154.35
3/4	113.75	2.30	111.45	3/4	158.75	3.20	155.55
23	115.00	2.30	112.70	**32**	160.00	3.20	156.80
1/4	116.25	2.35	113.95	1/4	161.25	3.25	158.05
1/2	117.50	2.35	115.15	1/2	162.50	3.25	159.25
3/4	118.75	2.40	116.30	3/4	163.75	3.30	160.45
24	120.00	2.40	117.60	**33**	165.00	3.30	161.70
1/4	121.25	2.45	118.85	1/4	166.25	3.35	162.90
1/2	122.50	2.45	120.05	1/2	167.50	3.35	164.15
3/4	123.75	2.50	121.25	3/4	168.75	3.40	165.35
25	125.00	2.50	122.50	**34**	170.00	3.40	166.60
1/4	126.25	2.55	123.70	1/4	171.25	3.45	167.80
1/2	127.50	2.55	124.95	1/2	172.50	3.45	169.05
3/4	128.75	2.60	126.15	3/4	173.75	3.50	170.25
26	130.00	2.60	127.40	**35**	175.00	3.50	171.50
1/4	131.25	2.65	128.60	1/4	176.25	3.55	172.75
1/2	132.50	2.65	129.85	1/2	177.50	3.55	173.95
3/4	133.75	2.70	131.05	3/4	178.75	3.60	175.15

Paris. — Typ. Appert & Vavasseur, passage du Caire, 54, et rue Saint-Denis, 331.

www.ingramcontent.com/pod-product-compliance
Lightning Source LLC
LaVergne TN
LVHW012011160826
845678LV00002B/779

* 9 7 8 2 3 2 9 6 6 5 6 8 9 *